令和元年度

日本語教育能力検定試験 試験問題

［著作・編集］

JEES 公益財団法人　日本国際教育支援協会
Japan Educational Exchanges and Services

にほんごの凡人社
BONJINSHA

はじめに

本協会は，昭和 62 年度から，日本語教育の専門家として必要とされる基礎的・基本的な知識および能力を検定することを目的に，日本語教育能力検定試験を実施し，令和元年度で 33 回目を迎えました。

この間，社会情勢や学習需要の変容に対応するため，出題範囲の改定を行ってきました。平成 15 年度には，当初の，日本語に関する知識，日本語教授法に関する知識を中心とした出題範囲から，言語と社会の関係，さらには日本語学習者を取り巻く社会環境までをも含む幅広いシラバスに改定しています。さらに平成 23 年度からは，平成 15 年度の出題範囲において，どのような学習現場，教育現場においても必須として求められる，いわば日本語教育能力の核をなす知識・能力をより明確に示した出題範囲を以て実施しています。

令和元年度の応募者数は 11,699 名で，本試験に対しては多くの方々より高い関心をいただいております。

本書が，多くの日本語教師および日本語教師志望者の自己研鑽の一助となり，また日本語教育関係者の参考となれば幸いです。

本書の構成・内容は次のとおりです。

1．本書は，本冊子とＣＤ１枚（試験Ⅱ）から成っています。
2．試験Ⅱについては，実際の試験と同様，シナリオはありません。
3．実際の試験問題と解答用紙はＡ４判です。ここに所収の試験問題と解答用紙は，実物より縮小してあります。

令和２年３月

公益財団法人 日本国際教育支援協会

目　次

試験問題

試験Ⅰ …………………………………………………… 5

試験Ⅱ（聴 解）………………………………………… 49

試験Ⅲ …………………………………………………… 69

解答用紙 ………………………………………………121

参考資料

2019 年度日本語教育能力検定試験 実施要項 ……………128

令和元年度日本語教育能力検定試験 実施状況 ……………133

令和元年度日本語教育能力検定試験 平均点等一覧 ………134

日本語教育能力検定試験 応募者数等の推移 ………………135

令和 2 年度日本語教育能力検定試験 実施要項 ……………136

正　解 …………………………………………………138

2019年度日本語教育能力検定試験

試験Ｉ　問題冊子

90分

[注意事項]

1　試験開始の合図があるまで，この問題冊子の中を見てはいけません。

2　この問題冊子は43ページまであります。

3　試験中に，問題冊子の印刷不鮮明，ページの落丁・乱丁および解答用紙の汚れ等に気づいた場合は，手を挙げて監督者に知らせてください。

4　監督者の指示に従って，解答用紙の所定の欄に，氏名および受験番号を正しく記入してください。受験番号は，数字欄に数字を記入し，その下のマーク欄にも必ずマークしてください。正しくマークされていないと，採点できないことがあります。

5　解答は全て解答用紙の解答欄にマークしてください。

例えば，問題１の(1)に「２」と解答する場合，次の（例）のように問題１の(1)の解答欄の②をマークしてください。

(例)

問題番号		解答欄
問題1	(1)	① ● ③ ④ ⑤
	(2)	① ② ③ ④ ⑤

問題冊子に記入しても採点されません。

6　解答用紙の［注意事項］もよく読んでください。

7　この試験Ｉの問題冊子は，必ず持ち帰ってください。ただし，この冊子の複写・複製，引用等は固く禁じます。

このページには問題が印刷されていません。

問題１は次のページにあります。

問題1　次の(1)～(15)について，【　】内に示した観点から見て，他と**性質の異なるもの**を，それぞれ1～5の中から一つずつ選べ。

(1)【円唇性】

1　［a］

2　［i］

3　［ɯ］

4　［e］

5　［o］

(2)【撥音の音声】

1　干拓

2　貫通

3　完治

4　関東

5　官邸

(3)【拍数の変化】

1　「月火水」を読み上げるときの「火」

2　「月水金」を読み上げるときの「月」

3　「火水木」を読み上げるときの「水」

4　「火木土」を読み上げるときの「木」

5　「金土日」を読み上げるときの「金」

(4)【読み方のバリエーション】

1　9歳

2　9人

3　9個

4　9本

5　9回

⑸ 【語構成】

1 耳当て

2 下敷き

3 台拭き

4 膝掛け

5 前書き

⑹ 【転成名詞の意味】

1 かばん持ち

2 所帯持ち

3 金持ち

4 心持ち

5 力持ち

⑺ 【デ格の意味】

1 はしかで休む。

2 メールで送る。

3 日本語で話す。

4 遠近法で描く。

5 新幹線で行く。

⑻ 【補助動詞】

1 試しにソファーに座ってみる。

2 ゴミを家に持ってかえる。

3 花がきれいに飾ってある。

4 嫌なことはすぐ忘れてしまう。

5 解決の糸口が見えてくる。

(9)　【指定文と措定文】

1　私の先生は男の人だ。

2　山田さんは医師だ。

3　あの人は冷淡だ。

4　議長は有能だ。

5　院長はあの人だ。

(10)　【直接受身文における動作主の表示形式】

1　生み出された

2　建てられた

3　作られた

4　見られた

5　描かれた

(11)　【述語が表す出来事とニ格の関係】

1　週末に映画館へ行った。

2　週末にドライブをした。

3　週末に一人で残業した。

4　週末にケーキを買ってきた。

5　週末にレストランを予約した。

(12)　【「の」の用法】

1　あなたの決心を確認する

2　本の好きな子ども

3　バッグの値段が高い

4　彼の高慢な性格

5　親しい友人の娘

⒀ 【「のだ（んだ）」の用法】

1 あれ，雨が降っているんだ。

2 なんだ，このレバーを引けばいいんだ。

3 よし，僕は今日から生まれ変わるんだ。

4 へえ，こんな本があるんだ。

5 そうか，山田さんはあのチームなんだ。

⒁ 【「ところ」の用法】

1 いまさら彼が来たところで状況は変わらない。

2 質問したいと思っているところに先生が来た。

3 仕事が一段落するところで休憩を取ろう。

4 食事が終わったところで財布がないことに気づいた。

5 リラックスしていたところに突然電話がかかってきた。

⒂ 【「れる・られる」の用法】

1 昔の友人がしのばれる。

2 新薬の開発が望まれる。

3 経済の悪化が案じられる。

4 学生の意欲が高められる。

5 彼の将来が思いやられる。

問題2　次の(1)～(5)における【　】内の下線部は学習者による誤用を示す。これと**異なる種類の誤用**を，それぞれ１～４の中から一つずつ選べ。必要に応じて（ ）内に学習者の意図を示す。

(1)　【「ショート」のつもりが「<u>しようと</u>」と聞こえる。】

1　「10時間」のつもりが「<u>自由時間</u>」と聞こえる。

2　「天井」のつもりが「<u>展示用</u>」と聞こえる。

3　「居室」のつもりが「<u>教室</u>」と聞こえる。

4　「客」のつもりが「<u>規約</u>」と聞こえる。

(2)　【「何頭ですか？」のつもりが「<u>南東です</u>か？」と聞こえる。】

1　「今日行くの？」のつもりが「<u>教育の</u>？」と聞こえる。

2　「咲かなかった？」のつもりが「<u>魚買った</u>？」と聞こえる。

3　「殻だからね。」のつもりが「<u>体から</u>ね。」と聞こえる。

4　「旅行です。」のつもりが「<u>涼子です</u>。」と聞こえる。

(3)　【<u>私は</u>その映画に深く<u>感動された</u>。】

1　<u>その都市は</u>長年の開発で次第に<u>発展された</u>。

2　バブル崩壊で<u>株価が</u>一気に<u>下落された</u>。

3　私はたくさん<u>誤りが</u>彼女に<u>指摘された</u>。

4　彼女の言葉に<u>私は</u>随分<u>安心された</u>。

(4)　【その商品は高かったです。<u>そこで</u>，私には買えません。】

1　あそこに大きなマンションが見えます。<u>そこで</u>，私は住んでいます。

2　もう何日も眠れない夜が続いています。<u>そこで</u>，体調が優れません。

3　仲のいい友達とけんかしてしまいました。<u>そこで</u>，本当に悲しいです。

4　化学の先生の話はとても面白いです。<u>そこで</u>，化学が好きになりました。

(5)【そのお皿は後で片づけますから，まだテーブルに置いてください。】

1　危険ですから，その部屋の窓は決して開けずに，閉めてください。

2　彼にはお世話になったんだから，その恩はずっと覚えなきゃいけないな。

3　すぐ帰ってくるつもりだったから，外出時も部屋の電気は消さずに点けた。

4　１本しかない傘をなくしたから，梅雨に入るまで新しいのを買おう。

問題３　次のＡ～Ｄの文章を読み，(1)～(20)の問いに答えよ。

Ａ【気流】

音声を発するためには気流，発声，調音が必要である。世界の言語には肺からの気流を用いない音声もあるが，日本語の音声(A)では，空気を肺から流出する気流，つまり呼気を利用する。肺から出た気流は声門(B)を通過し，その後調音(C)されて音声となる。日本語に限らず，子音と母音とでは気流に関して大きな違い(D)が見られる。音声が発せられる際，気流の放出と声帯の振動のタイミングによって帯気性(E)（有気か無気か）が決まる。

(1)　文章中の下線部Ａ「日本語の音声」として**弁別されないもの**を，次の１～４の中から一つ選べ。

1　摩擦音
2　弾き音
3　接近音
4　吸着音

(2)　文章中の下線部Ｂ「声門」に関する記述として最も適当なものを，次の１～４の中から一つ選べ。

1　有声音は，ほぼ閉じた声門を呼気が通過し声帯が振動している。
2　ささやき声は，声門が呼吸時と同様に開き声帯が振動している。
3　息を吸うときは，声門が閉まっていて声帯は振動していない。
4　息もれ音は，声門が大きく開いていて声帯は振動していない。

(3)　文章中の下線部Ｃ「調音」に関して，**日本語の共通語にないもの**を，次の１～４の中から一つ選べ。

1　両唇破裂音
2　歯茎ふるえ音
3　硬口蓋接近音
4　声門摩擦音

⑷　文章中の下線部Ｄの「違い」とはどのような違いか。最も適当なものを，次の１～４の中から一つ選べ。

１　気流の流れをいつ妨げるかの違い

２　気流の流れをどこで妨げるかの違い

３　気流の流れをどう妨げるかの違い

４　気流の流れを妨げるか妨げないかの違い

⑸　文章中の下線部Ｅ「帯気性」が弁別機能を持つ言語の例として最も適当なものを，次の１～４の中から一つ選べ。

１　韓国語とスペイン語

２　韓国語と日本語

３　中国語とベトナム語

４　中国語と英語

B 【オノマトペ（擬音語・擬態語）】

オノマトペは特殊な語彙である。普通，言語記号は音形と意味との間に必然的な関係がないとされる(A)。しかし，オノマトペは，音形とそれが与えるイメージにある程度の有縁性が感じられる。例えば，日本語では［(ア)］は「軽さ」や「弱さ」と，［(イ)］は「重さ」や「強さ」と結びつく。

日本語研究において，オノマトペは擬音語と擬態語(B)に分類されている。実際に用いるときは，形態素を重ねた「ぴかぴか」のようにゼロ形態で，あるいは「と」や「に」が後接した形で副詞的に使われる(C)ことが多い。また，2拍の形態素に接尾辞が後接して動詞として使用される(D)ものもある。

(6) 文章中の下線部Aの内容を表す術語として最も適当なものを，次の1～4の中から一つ選べ。

1 言語記号の蓋然性
2 言語記号の恣意性
3 言語記号の経済性
4 言語記号の構成性

(7) 文章中の［(ア)］と［(イ)］に入れるのに最も適当な組み合わせを，次の1～4の中から一つ選べ。

	(ア)	(イ)
1	清音	濁音
2	母音	子音
3	ア列の音	イ列の音
4	ウ列の音	オ列の音

⑻ 文章中の下線部Ｂ「擬態語」の例として最も適当なものを，次の１～４の中から一つ選べ。

1 ひそひそ耳打ちをした。

2 彼の提案をしぶしぶ承諾した。

3 ふらふら歩き出した。

4 雷がごろごろ鳴っていた。

⑼ 文章中の下線部Ｃに関する記述として最も適当なものを，次の１～４の中から一つ選べ。

1 「がさがさと／がさがさに」のように，「と」が擬態語，「に」が擬音語の用法に対応する。

2 「びりびり／びりびりと」のように，ゼロ形態が擬音語，「と」が擬態語の用法に対応する。

3 「ぎゃあぎゃあと」のように，結果を修飾する擬態語の用法では「と」が使用される。

4 「かちんかちんに」のように，結果を修飾する擬態語の用法では「に」が使用される。

⑽ 文章中の下線部Ｄの接尾辞の例として**不適当なもの**を，次の１～４の中から一つ選べ。

1 つく

2 めく

3 なる

4 ばる

C 【取り立て助詞「も」】

日本語は膠着語である。そのため，助詞(A)が重要な役割を果たす。その中でも，文中の要素を取り立てる働きがある助詞を取り立て助詞(B)という。取り立て助詞の用法にはいろいろあり，例えば，「も」は （ア） が基本的な用法である。取り立て助詞が取り立てるのは，取り立て助詞の直前の名詞句であるのが普通である。しかし，直前の要素だけではなく，命題を取り立てる場合もある(C)。さらに「も」には「意外さ」の用法(D)もあり，この用法は他の取り立て助詞にも見られる。

⑾ 文章中の下線部Ａ「助詞」の例として最も適当なものを，次の１～４の中から一つ選べ。

1 のだ

2 もう

3 より

4 こと

⑿ 文章中の下線部Ｂ「取り立て助詞」の説明として最も適当なものを，次の１～４の中から一つ選べ。

1 名詞句と名詞句を結びつけ，その間の並列的な関係を表す。

2 述部の後ろに付き，聞き手や出来事に対する話し手の態度を表す。

3 文中の名詞句と述部を結びつけ，その意味的・統語的関係を表す。

4 文中のある要素に焦点を当て，暗示された要素との関係を表す。

⒀ 文章中の （ア） に入れるのに最も適当なものを，次の１～４の中から一つ選べ。

1 並立

2 共起

3 類似

4 対比

⑭ 文章中の下線部Cの例として最も適当なものを，次の１～４の中から一つ選べ。

1　この小説は，早くも続編が出版され来年にも映画化されるようだ。

2　この車は日本でも評判がよいが，海外でもよいようだ。

3　彼が来ても来なくても，彼女は気にも留めてないようだった。

4　頭も冷やしたし，薬も飲んだがなかなか熱が引かない。

⑮ 文章中の下線部D「『意外さ』の用法」に関する記述として最も適当なものを，次の１～４の中から一つ選べ。

1 「子どもでもできる」の「でも」は，意外性を表す場合に「たとえ」と共起できない。

2 「子どもが５人も生まれた」の「数量詞＋も」は，話し手の期待や予測より大きな数量を表す。

3 「子どもさえ知っている」の「さえ」は，意外性を表す場合に特別な文脈を必要とする。

4 「子どもまで駆り出される」の「まで」は，取り立てる要素と暗示される対象との間に連続性があると使えない。

D 【モダリティ】

モダリティの捉え方には様々なものがあるが，一般言語学の研究においては，これを大きく二つに分けるという見方がある。

一つは，認識的（エピステミック）モダリティ（A）と呼ばれ，事態の真偽に対する判断に関わるものを表す。〈確信〉を表す「にちがいない」と「はずだ」はどちらも認識的（エピステミック）モダリティであるが，両者には意味の違いがある。前者は［(ア)］的な意味も表せるのに対し，後者はより［(イ)］的だと言われる。また，述部の認識的（エピステミック）モダリティに対して働く副詞（B）として，「たぶん」「もしかして」などがある。

もう一つは，拘束的（デオンティック）モダリティ（C）と呼ばれ，主語に課せられた拘束（〈必要〉）または拘束からの免除（〈許可〉）を表す。その前者の例として「［(ウ)］」，後者の例として「［(エ)］」がある。

⒃ 文章中の下線部Ａ「認識的（エピステミック）モダリティ」の例として最も適当なものを，次の１～４の中から一つ選べ。

1 そうするべきだ。
2 それでいいのだ。
3 そんなことやめなさい。
4 そんなことはあるまい。

⒄ 文章中の［(ア)］と［(イ)］に入れるのに最も適当な組み合わせを，次の１～４の中から一つ選べ。

	(ア)	(イ)
1	間接	直接
2	直感	論理
3	婉曲	断定
4	客観	主観

⑱　文章中の下線部B「述部の認識的（エピステミック）モダリティに対して働く副詞」の例として**不適当なもの**を，次の１～４の中から一つ選べ。

1　こんなチャンスはめったにないだろう。

2　この企画は，どうやら中止になるらしい。

3　まさか，会社は辞めていないよね。

4　きっと１年後にはその成果が分かるよ。

⑲　文章中の下線部C「拘束的（デオンティック）モダリティ」に関する記述として最も適当なものを，次の１～４の中から一つ選べ。

1　聞き手への要求を表すため，基本的に話し手自身の行為の意向は表せない。

2　基本的にモダリティ形式の前にル形とタ形のテンス対立を持たない。

3　述語構造において，認識的（エピステミック）モダリティに後続する。

4　動作の主体を表す主語が二人称でなければならないという制限を持つ。

⒇　文章中の［　(ウ)　］と［　(エ)　］に入れるのに最も適当な組み合わせを，次の１～４の中から一つ選べ。

	(ウ)	(エ)
1	なくていい	ほうがいい
2	なくていい	てもいい
3	なくてはいけない	ほうがいい
4	なくてはいけない	てもいい

問題４　次の文章を読み，下の問い（問１～５）に答えよ。

教育環境は学習者の言語活動に影響を与える大きな要素である。そのため，授業を計画する際には，教室内外の人的リソース，物的リソース，社会的リソース（A）の状況を考慮するとよい。

初級の授業の具体的な教室活動について考えると，学習者とコミュニケーションを図りやすくするために簡略化した話し方（B）で指導が行われることがある。教師の質問の仕方（C）は学習意欲に影響を与えるため，授業の目的に合わせた使い分けが必要である。また，学習者に余計なストレスを与えないよう，板書（D）にも工夫が求められる。理解を促進するために，絵教材（E）を使うことも有効である。

問１　文章中の下線部Ａ「社会的リソース」の例として最も適当なものを，次の１～４の中から一つ選べ。

1　同じクラスの学習者仲間

2　地域のボランティア活動

3　デパートの展覧会

4　テレビのニュース番組

問２　文章中の下線部Ｂ「学習者とコミュニケーションを図りやすくするために簡略化した話し方」として最も適当なものを，次の１～４の中から一つ選べ。

1　ティーチャー・トーク

2　ラポート・トーク

3　ケアテイカー・スピーチ

4　インナー・スピーチ

問３　文章中の下線部Ｃ「質問の仕方」に関して，「指示質問」の説明として最も適当なものを，次の１～４の中から一つ選べ。

1　正しく文が作れるかどうかを確認する質問
2　教師が知らない情報を尋ねる質問
3　場面を提示し，推論を促して答えさせる質問
4　読解文の内容に関する事実関係を尋ねる質問

問４　文章中の下線部Ｄ「板書」の際の留意点として最も適当なものを，次の１～４の中から一つ選べ。

1　授業の内容がよく分かるように，例文や説明をたくさん書く。
2　書き写す負担を軽減するため，出てきた単語を記すに留める。
3　書く内容はあらかじめ想定せず，学習者の反応によって決める。
4　教案を作成する段階で，いつ何を書くかを計画しておく。

問５　文章中の下線部Ｅ「絵教材」に関する記述として最も適当なものを，次の１～４の中から一つ選べ。

1　どの絵教材を使うか決めて提示順に並べておき，テンポよく見せる。
2　絵で文型を導入するときは，全ての絵教材を授業開始前に黒板に張っておく。
3　分かりづらくても教師が自分で描いた絵を使い，学習者の興味を引くようにする。
4　絵で単語を導入するときは，その事物と周囲の物が細かく描かれたものを使う。

問題５　教材に関する次の問い（問１～５）に答えよ。

問１　技能シラバスによる教材の目次として最も適当なものを，次の１～４の中から一つ選べ。

1　「申込書に記入する」「メモを取る」「メールを作成する」
2　「空港の案内所で」「駅の窓口で」「市役所の受付で」
3　「謝る」「断る」「依頼する」
4　「家族」「趣味」「スポーツ」

問２　教材には時間の経過とともに時世に合わなくなる要素がある。教材を構成する要素のうち，**最も時世の影響を受けにくいもの**を，次の１～４の中から一つ選べ。

1　読み物のトピック
2　会話の場面
3　文法
4　語彙

問３　初級のモデル会話を作成する際の留意点として最も適当なものを，次の１～４の中から一つ選べ。

1　日本語母語話者がその場面で用いる表現をレベルは意識せず使用する。
2　学習者が自分の言いたい表現に置き換えて応用できるような会話にする。
3　素材として日本語母語話者の会話を用いる場合，やり取りを簡素化しない。
4　話の内容や展開が不自然になっても，既習文型の範囲で作成する。

問４　中級の聴解教材を作成する際の留意点として**不適当なもの**を，次の１～４の中から一つ選べ。

1　語彙の偏りを防ぎ背景知識が増やせるように，幅広い分野からトピックを選ぶ。
2　聞き取りのスキルやストラテジーが身につくように，タスクを作成する。
3　談話の論理的な組み立てに気づけるように，一貫性のあるテクストを選ぶ。
4　内容を正確に聞き取れるように，モダリティなど心的態度を表す表現は避ける。

問5　授業での生教材の扱い方として真正性が保たれている例はどれか。最も適当なものを，次の1～4の中から一つ選べ。

1　スーパーのちらしを用いて，文字種の使い分けに気づかせる。

2　菓子類の食品表示を用いて，賞味期限やアレルギー食材を確認させる。

3　駅のアナウンスを用いて，乗客に対する敬語表現に気づかせる。

4　折り紙の本を用いて，手順を説明する表現や文型を確認させる。

問題６　次の文章を読み，下の問い（問１～５）に答えよ。

現在の日本語教育における書くことの指導には，様々な指導法が取り入れられている。例えば，初級で行われる<u>制限作文アプローチ</u>(A)による作文教育は，口頭練習で形成された習慣を強化する目的で1950年代に用いられていたものである。また，1970年代に拡大したレトリック・アプローチの考え方を基にした指導は，現在も中級で行われている。このレトリック・アプローチとは，文章を読ませ，各段落の構造を分析したうえで，<u>その談話のパターンを基に作文を書かせる</u>(B)というものである。さらに，1980年代に生まれた<u>プロセス・アプローチ</u>(C)は，一定の長さの産出が求められる<u>中・上級の作文指導</u>(D)に取り入れられている。そして，1990年代後半には，<u>ピア活動を取り入れた作文教育</u>(E)が登場した。

問１　文章中の下線部Ａ「制限作文アプローチ」の背景にある言語教育の考え方として最も適当なものを，次の１～４の中から一つ選べ。

1　グアン・メソッド
2　オーディオ・リンガル・メソッド
3　コミュニカティブ・アプローチ
4　ナチュラル・アプローチ

問２　文章中の下線部Ｂの練習として次のパターンを用いた。どのような機能の指導を目的としたものか。最も適当なものを，下の１～４の中から一つ選べ。

ＡとＢは両者とも～～～～～だが，～～～～～という点から見ると， Ａは～～～～～である。一方，Ｂは～～～～～である。

1　原因・結果
2　比較・対照
3　前方照応
4　手順説明

問3　文章中の下線部Ｃ「プロセス・アプローチ」の説明として最も適当なものを，次の１～４の中から一つ選べ。

1　提示されたテーマについて制限時間内に思いついた順に書くこと

2　語彙や文型を段階的に増やし，正確さに注意しながら書くこと

3　推敲を繰り返し，思考を創造的に深めながら意見などを書くこと

4　専門領域に特有の表現や文章構造のパターンを利用して書くこと

問4　文章中の下線部Ｄ「中・上級の作文指導」に関して，「引用」の指導が必要な文はどれか。最も適当なものを，次の１～４の中から一つ選べ。

1　学校教育における重要な点は，子どもたちに学習を押しつけない。

2　川崎市は，重工業が発展した地域にとって知られているということである。

3　日本人は自分の意見をうまく表す，ああいう機会が少なかったのだと思われる。

4　山口によれば，専門家になるためには大学時代が重要だと指摘している。

問5　文章中の下線部Ｅ「ピア活動を取り入れた作文教育」に関して，ピア・レスポンスの説明として最も適当なものを，次の１～４の中から一つ選べ。

1　作文を交換し，学習者同士でフィードバックを行う協働的な活動

2　学習者が学習支援者とペアになってサポートを得ながら行う活動

3　聞いたテクストを学習者同士で確認しながらテクストを復元する活動

4　調査した結果を持ち寄り，学習者で分担してレポートを作成する活動

問題7　次の文章を読み，下の問い（問1～5）に答えよ。

日本語教育において，e-learningの活用が進んでいる。e-learningにはインターネットにより動画や教材を配信する非同期型(A)と，教師が行う授業をリアルタイムで遠隔地に配信する同期型がある。e-learningの広がりとともに反転授業(B)など新たな教育方法も注目を集めている。e-learningを用いることで様々な教育活動が生まれつつあるが，その効果や効率を上げるためにインストラクショナル・デザイン（ID）の理論(C)を活用することも有用である。ICT機器の操作性向上により，専門的な知識を持たない日本語教師でもデジタル教材の作成が可能となったが，教師が教室活動の一環でウェブサイト（ウェブ）上のリソースを活用する際には，著作権を十分に考慮する(D)必要がある。

また，ウェブ上で受験可能な，項目応答理論（IRT）(E)を用いたテスト等も見られるようになった。こうして，ICTの発達は，日本語教育の環境と方法に大きな変化をもたらしている。

問1　文章中の下線部A「非同期型」のe-learningの問題点として最も適当なものを，次の1～4の中から一つ選べ。

1　自律的に学ぶ力が必要なため，学習者によっては学習の継続が難しい。

2　従来の紙媒体の教材と比較して，学習者は知識の獲得が難しい。

3　解答の正誤判定がすぐに得られず，学習者が学習を振り返りにくい。

4　学習の時間と場所が自由なため，教師が学習状況を把握しにくい。

問2　文章中の下線部B「反転授業」の説明として最も適当なものを，次の1～4の中から一つ選べ。

1　教室外で基礎知識を個別に学習しておき，教室ではその確認と応用を行う。

2　学習者が予習した内容を教師役になって教え，最後に教師が補足する。

3　母語の異なる二人がペアになり，互いの得意な言語を交替して教え合う。

4　教科書を用いず，音声や動画などのマルチメディア教材を用いて授業を行う。

問 3　文章中の下線部Ｃ「インストラクショナル・デザイン（ID）の理論」の一つにADDIEモデルがある。その説明として最も適当なものを，次の１～４の中から一つ選べ。

1　情報処理モデルに基づき，学びの支援に関して九つの教授事象を示したもの

2　教育の目標とする領域を認知，情意，精神運動領域の三つに分類して示したもの

3　分析，設計，開発，実施，評価という教育・教材の設計プロセスを示したもの

4　学習者の意欲向上のためのポイントを学習目標と関連させて示したもの

問 4　文章中の下線部Ｄに関して，著作権者に無断で行っても**著作権の侵害にならない例**を，次の１～４の中から一つ選べ。

1　ウェブ上の文章を使用した模擬テストをe-learningのシステムにアップする。

2　ウェブ上の動画を教室外でも視聴できるように動画のURLをSNSにアップする。

3　ウェブ上の著作権登録がされていないデジタル教材を選んで使用する。

4　ウェブ上の写真やイラストの一部を切り取ってデジタル教材を作成する。

問 5　文章中の下線部Ｅ「項目応答理論（IRT）」を用いることで可能になることとして最も適当なものを，次の１～４の中から一つ選べ。

1　正答数・解答時間などを分析して信頼性の高い評価結果が得られる。

2　種類の異なる複数のテストの難易度を均一に調整することができる。

3　初めて使用する小テストでも信頼性の高い評価結果が得られる。

4　実施回の異なる大規模テストの結果を共通の基準で比較できる。

問題８　次の文章を読み，下の問い（問１～５）に答えよ。

留学生が増加し，国籍や文化的な背景も多様化している昨今，日本語教育関係者や各機関の留学生担当者は，日本や留学生の出身国の文化における<u>コミュニケーション・スタイルの特徴や傾向</u>(A)を理解しておく必要がある。規範とされるコミュニケーション・スタイルは文化によって異なり，<u>バーバル・コミュニケーション</u>(B)だけでなく，ノンバーバル・コミュニケーションにも文化的な差異があるためである。

それゆえ，異文化コミュニケーションにおいては，互いの文化を認め合うことが重要であり，<u>エポケー</u>(C)などのスキルが必要となる。さらに，<u>アサーティブ・コミュニケーション</u>(D)なども求められる。このようなスキルを身につけるためには，<u>カルチャー・アシミレーター</u>(E)などのトレーニングの実践が有効である。

問１　文章中の下線部Ａ「コミュニケーション・スタイルの特徴や傾向」に関して，日本的な特徴として最も適当なものを，次の１～４の中から一つ選べ。

1　意見を簡潔に述べたあとに理由を論理的に説明する直線的なスタイル

2　余計な情報は省き，必要な情報について言葉を尽くす石畳的なスタイル

3　相手が察してくれることを期待して婉曲的に話す螺旋（らせん）的なスタイル

4　年齢差や社会的立場の違いを感じさせないインフォーマルなスタイル

問２　文章中の下線部Ｂ「バーバル・コミュニケーション」に分類されるものはどれか。最も適当なものを，次の１～４の中から一つ選べ。

1　書き言葉

2　パラ言語

3　ジェスチャー

4　相手との距離

問３　文章中の下線部Ｃ「エポケー」の説明として最も適当なものを，次の１～４の中から一つ選べ。

1　自分の過去の体験や価値観と照らし合わせて相手の体験を想像すること

2　相手の話に対して，自分の判断や評価をいったん保留して物事を認識すること

3　相手の置かれた境遇や状況を相手の立場や物の見方で捉えること

4　自分の好き嫌いや考えなどについて，相手に心を開いて積極的に伝えること

問４　文章中の下線部Ｄ「アサーティブ・コミュニケーション」を行ううえで重要なこととして最も適当なものを，次の１～４の中から一つ選べ。

1　相手に共感を示したうえで自分の意見を言う。

2　問題解決を図るために相手の意見に合わせる。

3　相手との意見の相違を明確にするのを避ける。

4　強い主張はせず相手が察してくれるのを待つ。

問５　文章中の下線部Ｅ「カルチャー・アシミレーター」の説明として最も適当なものを，次の１～４の中から一つ選べ。

1　ある使命が与えられ，限られた言葉と身振り手振りのみでその使命を果たす。

2　二つの仮想文化圏に分かれ，それぞれの文化を学習したあと，相互に交流する。

3　文化背景が異なる人同士でペアになり，自分たちでテーマを決め自由に話し合う。

4　問題事例を読み，選択肢の中から自分の考えに合うものを選び，理由を考える。

問題９　次の文章を読み，下の問い（問１～５）に答えよ。

文や発話は語の組み合わせによって成り立つ。語には複数の意味を持つものが多く，その意味にはプロトタイプ的なものとそうでないもの（A）があり，相互に関連性を持っている。しかし，その関連性が学習者には推測しづらい場合もある。

語の情報は脳の中にあるメンタル・レキシコン（心的辞書）（B）に収められており，文や発話を理解する際に，そこにアクセスして文脈に合う語の意味を特定する。語の知識が十分でないと，文や発話を正しく理解できないだけでなく，発話の際に「このハンガーに服を付けてください」のような誤り（C）が生じる。

学習者の語彙知識を増やす方法の一つとしてキーワード法（D）が効果的だと言われている。また，読解における語彙指導の際には学習者の認知的な負荷への考慮も必要である（E）。

問１　文章中の下線部Ａに関して，「落とす」がプロトタイプ的な意味で用いられている例はどれか。最も適当なものを，次の１～４の中から一つ選べ。

1　洗剤で服のしみを落とした。
2　不祥事で信用を落とした。
3　スコップで屋根の雪を落とした。
4　模擬試験で順位を落とした。

問２　文章中の下線部Ｂ「メンタル・レキシコン（心的辞書）」に関する記述として最も適当なものを，次の１～４の中から一つ選べ。

1　第一言語も第二言語も語の形式や意味情報のネットワークが構築される。
2　日本語は50音順，英語はアルファベット順で情報が整理されている。
3　一般に成人日本語母語話者の語彙数は5,000語前後とされている。
4　古い情報から新しい情報への改訂はその都度行われず，時間を要する。

問3　文章中の下線部C「『このハンガーに服を付けてください』のような誤り」は何に関する知識が欠如していることによるものか。最も適当なものを，次の1～4の中から一つ選べ。

1　ダイクシス

2　コロケーション

3　語構成

4　転成

問4　文章中の下線部D「キーワード法」の方法として最も適当なものを，次の1～4の中から一つ選べ。

1　覚えたい語と音声的に類似した母語の言葉のイメージを関連づけて覚える。

2　覚えたい語から連想される言葉を複数考えて，それらと結びつけて覚える。

3　覚えたい語の母語訳を見て，目標言語で産出できるか自分でテストする。

4　覚えたい語をトピックや品詞ごとに整理して，語彙専用ノートに記録する。

問5　文章中の下線部Eに関して，読解の授業における新出語の扱い方として**不適当なもの**を，次の1～4の中から一つ選べ。

1　内容理解に重要で意味の推測が難しい語は事前に指導する。

2　内容理解に重要で意味を推測しやすい語は学習者に推測させる。

3　内容理解に重要でなく，覚える必要のない語の説明は省く。

4　内容理解に重要でなくとも，覚えるべき語は事前に指導する。

問題10　次の文章を読み，下の問い（問１～５）に答えよ。

第二言語学習者は，同じ表現であっても正しく発話できたりできなかったりすることがある(A)。こうした正用と誤用を繰り返しながら学習者の言語が変化していく現象は，［(ア)］に可変性があることを示している。第二言語の発達のためには，周囲からのインプットを得て長期記憶に貯蔵する必要がある。そのためには，維持リハーサルよりも精緻化リハーサル(B)のほうが効果的である。さらに，言語学習には，ビリーフ(C)なども関わってくると言われている。情意フィルター仮説(D)で指摘されているように，学習者の情意面が言語の学習や習得に影響することも知っておくとよい。

問１　文章中の下線部Aに関して，エラーとミステイクの説明の組み合わせとして最も適当なものを，次の１～４の中から一つ選べ。

	エラー	ミステイク
1	その場限りの誤り	複数回にわたって生じる誤り
2	複数回にわたって生じる誤り	その場限りの誤り
3	発話の意味の理解が可能な誤り	発話の意味の理解が不可能な誤り
4	発話の意味の理解が不可能な誤り	発話の意味の理解が可能な誤り

問２　文章中の［(ア)］に入れるのに最も適当なものを，次の１～４の中から一つ選べ。

1　定着化

2　習得順序

3　中間言語

4　素朴概念

問3　文章中の下線部B「精緻化リハーサル」の例として**不適当なもの**を，次の1～4の中から一つ選べ。

1　記憶しようとする語を何度も声に出して繰り返す。

2　記憶しようとする語を母語に対応する語と関連づける。

3　記憶しようとする語を使って文を作成する。

4　記憶しようとする語と類義語を結びつける。

問4　文章中の下線部C「ビリーフ」の説明として最も適当なものを，次の1～4の中から一つ選べ。

1　言語とその使用者および文化に対して形成され，固定化されたイメージ

2　言葉のやり取りを介して，対話者同士の間に築かれていく相互の信頼関係

3　教師や学習者の経験に基づく，言語学習はこうあるべきという個人的な見解

4　教室指導や言語学習をする際，教師や学習者が習慣的に使う情報処理の方法

問5　文章中の下線部D「情意フィルター仮説」の説明として最も適当なものを，次の1～4の中から一つ選べ。

1　自尊心や強い自信を持つことによって，他者との関係構築が阻害される。

2　発話者に対する感情や評価によって，発話意図の理解や解釈がゆがめられる。

3　失敗を恐れない行動力や意欲が言語使用を増やす一方，正確さへの注意がそがれる。

4　不安や恐れのない状態は言語習得を促進する一方，不安のある状態は習得を妨げる。

問題11　次の文章を読み，下の問い（問１～５）に答えよ。

方言には地域方言と社会方言がある。地域方言は，地域差による言葉のバリエーションを指す。一方，社会方言は，類似した社会的背景を持つ集団による言葉のバリエーションを指す。例えば，専門性を共有する集団においては，職業による集団語(A)がある。また，話者の年齢を反映した言葉として若者言葉(B)がある。

方言は時代とともに変化している。明治時代以降，伝統的な地域方言は衰退したが，近年はネオ方言(C)が見られるようになった。2000年代初めの調査では，言葉の男女差が年齢層によって違う(D)ことが報告されている。また，アニメや漫画などで使われている方言の中には役割語(E)として注目されているものもある。

問１　文章中の下線部Ａ「職業による集団語」の例として最も適当なものを，次の１～４の中から一つ選べ。

1　「挑む」を意味する「チャレンジする」

2　「言い間違える」を意味する「噛む」

3　「ハンガー」を意味する「衣紋(えもん)掛け」

4　「便所」を意味する「ご不浄」

問２　文章中の下線部Ｂ「若者言葉」に関する記述として**不適当なもの**を，次の１～４の中から一つ選べ。

1　若者言葉には，学生が用いるキャンパス言葉や，若い社会人の言葉が含まれる。

2　SNS上で使用される言葉は，若者の口頭表現に取り入れられることがある。

3　「アルバイト」のように，戦前の学生の言葉が一般語になったものがある。

4　若者は，「T」を「ティー」よりも「テー」と発音する傾向がある。

問３　文章中の下線部Ｃ「ネオ方言」の説明として最も適当なものを，次の１～４の中から一つ選べ。

1　共通語と形式は同じだが，その地域では異なる意味で使われる言葉

2　地域方言ではあるが，その地域では共通語だと思われている言葉

3　共通語と地域方言が接触し，二つの形式が混ざり合って生まれた言葉

4　地域方言と意識されずに，全国共通語の中に取り入れられている言葉

問４　文章中の下線部Ｄに関する記述として最も適当なものを，次の１～４の中から一つ選べ。

1　「降るわよ」のような言い方を，20代女性は50代女性ほど使用しない。

2　「降るわよ」のような言い方を，50代男性は20代男性よりも使用する。

3　「雨だぜ」のような言い方を，20代女性は50代女性ほど使用しない。

4　「雨だぜ」のような言い方を，50代男性は20代男性よりも使用する。

問５　文章中の下線部Ｅ「役割語」に関する記述として最も適当なものを，次の１～４の中から一つ選べ。

1　登場人物のうち，主人公のせりふに用いられる傾向がある。

2　人々が抱く文化的ステレオタイプを弱める働きがある。

3　現実の位相や位相差を忠実に再現しているわけではない。

4　現実に存在しない架空の人物のせりふには用いられない。

問題12　次の文章を読み，下の問い（問１～５）に答えよ。

世界各地で多文化化・多言語化が進みつつある。多言語社会では，公用語（A）や国語などの言語政策が議論されている。多言語社会の中には，政治的，経済的，文化的優位性を持つ多数派言語（majority language）と，その反対の少数派言語（minority language）が併存している。少数派言語の話者はスティグマ（B）を持つ者と見なされることがある。現在，少数派とされる言語の話者の「言語権」を守るための取り組み（C）などが各地で行われている。

日本でも様々な言語政策がとられてきた。例えば，表記にまつわるものとしては1991年に内閣告示された「外来語の表記」（D）がある。また，現代の日本でも多文化化・多言語化が進んでおり，地方公共団体などにおいては，日本語非母語話者に対する「やさしい日本語」（E）の使用が広がりつつある。

問１　文章中の下線部A「公用語」に関して，公用語が複数定められている国はどこか。最も適当なものを，次の１～４の中から一つ選べ。

1　カナダ

2　タイ

3　ドイツ

4　ブラジル

問２　文章中の下線部B「スティグマ」の説明として最も適当なものを，次の１～４の中から一つ選べ。

1　他者と同じグループに属しているという人間関係に関わる認識

2　ある対象を感染性のある危険なものだと見なし，接触を避ける態度

3　偏見により社会的に否定的な評価を与えられたアイデンティティ

4　特定の個人や集団，状況などを認知するときに用いる先入固定観念

問3　文章中の下線部Cの例として最も適当なものを，次の１～４の中から一つ選べ。

1　多数派言語の方言形を使用することを制限する。

2　義務教育で使用する標準語と標準表記を確定する。

3　少数派言語の話者に母語学習の機会を保障する。

4　司法の場では平等を重視して一つの言語に統一する。

問4　文章中の下線部D「1991年に内閣告示された『外来語の表記』」に示されている表記の原則として最も適当なものを，次の１～４の中から一つ選べ。

1　「ケース・バイ・ケース」のような複合語のつなぎの符号は，慣用に従って「・」とする。

2　「ヴァイオリン」の「ヴァ」のように日本語にない音の場合は，原音に近い表記を用いる。

3　「ハンカチ」と「ハンケチ」のようにゆれのあるものは，使用頻度の高い表記に統一する。

4　「ギリシャ」と「ギリシア」のようにゆれがある外国の地名は，両方の表記を認める。

問5　文章中の下線部E「やさしい日本語」に関して，減災のための「やさしい日本語」の言い換えルールに**当てはまらないもの**を，次の１～４の中から一つ選べ。

1　一文を短くしたり，文節にポーズを入れたりする。

2　出来事についての詳細な情報をできるだけ多く入れる。

3　「危険」のような語を「危ない」のように言い換える。

4　「やや規模の大きい地震」の「やや」のような表現は避ける。

問題13　次の文章を読み，下の問い（問１～５）に答えよ。

これまで，コミュニケーションは様々な観点から捉えられてきた。ハイムズ（D.Hymes）は，社会・文化的コンテクストの中でコミュニケーションを捉えようとし，言語能力のみならず，［ (ア) ］も重要であると主張している。ヤコブソン（R.Jakobson）は，コミュニケーションの機能に注目し，情動的（emotive）機能や<u>詩的（poetic）機能</u>A など，六つの機能があると述べている。また，ブラウン＆ユール（G.Brown & G.Yule）は，人が言葉を交わす目的に着目し，会話には<u>交渉会話</u>B と交流会話があることを指摘している。

実際のコミュニケーションには動的な側面があり，その場の状況や話し手の感情などに応じて<u>スピーチレベルシフト</u>C が行われている。会話においては<u>フィラー</u>D など，円滑なコミュニケーションのための方策も用いられている。

問１　文章中の［ (ア) ］に入れるのに最も適当なものを，次の１～４の中から一つ選べ。

1　認知能力

2　伝達能力

3　背景知識

4　言語適性

問２　文章中の下線部Ａ「詩的（poetic）機能」の例として**不適当なもの**を，次の１～４の中から一つ選べ。

1　しり取り

2　しゃれ

3　独り言

4　早口言葉

問3　文章中の下線部B「交渉会話」の例として最も適当なものを，次の1～4の中から一つ選べ。

1　X：あの映画見た？
　　Y：どの映画？

2　X：一緒にご飯食べに行かない？
　　Y：いいよ。

3　X：彼女，結婚するんだって？
　　Y：え，そうなの？

4　X：髪切ったの？
　　Y：よく分かったね。

問4　文章中の下線部C「スピーチレベルシフト」に関して，基本的に普通体が用いられている会話の中で丁寧体にシフトしたときの効果の例として最も適当なものを，次の1～4の中から一つ選べ。

1　聞き手へのよそよそしさや怒りを表す。
2　聞き手に強く共感していることを示す。
3　会話の堅苦しさを一時的に和らげる。
4　話し手自身に向けた発話であることを示す。

問5　文章中の下線部D「フィラー」に関する記述として最も適当なものを，次の1～4の中から一つ選べ。

1　発話の意味を婉曲的に表現したり，聞き手に発話の機会を与えたりする。
2　発話の一部を際立たせて発音したり，ささやきにして強調したりする。
3　次の発話までの時間を確保したり，聞き手の注意を喚起したりする。
4　聞き手の話を聞いていることを示したり，理解していることを示したりする。

問題14　次の文章を読み，下の問い（問１～５）に答えよ。

2018年末現在，日本は18の国・地域と経済連携協定（EPA）を締結している。その枠組みの中で，3か国（A）から外国人の看護師候補者と介護福祉士候補者を受け入れている。外国人の候補者に与えられる在留資格は［　(ア)　］である。候補者は原則として日本語研修（B）を受講した後，受入れ施設（病院・介護施設）で就労し，研修を受ける。看護師候補者は３年，介護福祉士候補者は４年の在留が認められ，その在留期間に日本の国家試験を受験する（C）。受入れ当初は合格率が低く，候補者に配慮した試験の見直し（D）が行われた。

問１　文章中の下線部Ａ「３か国」はどこか。最も適当なものを，次の１～４の中から一つ選べ。

1　インドネシア，タイ，ベトナム
2　インドネシア，タイ，フィリピン
3　インドネシア，フィリピン，ベトナム
4　タイ，フィリピン，ベトナム

問２　文章中の［　(ア)　］に入れるのに最も適当なものを，次の１～４の中から一つ選べ。

1　医療
2　特定活動
3　技能実習
4　高度専門職

問３　文章中の下線部Ｂ「日本語研修」が行われるのはいつか。最も適当なものを，次の１～４の中から一つ選べ。

1　日本入国前
2　日本入国後
3　日本入国前または入国後
4　日本入国前と入国後

問４　文章中の下線部Ｃに関する記述として最も適当なものを，次の１～４の中から一つ選べ。

1　看護師候補者は毎年受験でき，介護福祉士候補者は在留期間の最終年に受験できる。

2　看護師候補者は在留期間の最終年のみ受験でき，介護福祉士候補者は毎年受験できる。

3　看護師候補者も介護福祉士候補者も，共に毎年受験できる。

4　看護師候補者も介護福祉士候補者も，共に在留期間の最終年のみ受験できる。

問５　文章中の下線部Ｄ「候補者に配慮した試験の見直し」の内容として**不適当なもの**を，次の１～４の中から一つ選べ。

1　全ての漢字にふりがなを付記する。

2　一般の受験者より試験時間を延長する。

3　問題文に日本語と英語を併記する。

4　難解な用語を平易な用語に置き換える。

問題15　次の文章を読み，下の問い（問１～５）に答えよ。

現在，日本には様々な在留資格を持った外国人が生活している。外国人が「留学」の在留資格を持って各種学校等で専ら日本語の教育を受けようとする場合，その学校等は法務省告示で定める日本語教育機関である必要がある。このような教育機関は，法務省告示日本語教育機関[A]，いわゆる「日本語学校」と呼ばれる。法務省は，「日本語教育機関の告示基準」として施設や学校運営，教員等の基準[B]を示している。

「日本語学校」は，1983年の「留学生10万人計画」を契機に急増した。そこで，日本語教育施設の質的向上を図るため，文部省により「日本語教育施設の運営に関する基準」が策定され，それを運用する団体として［　(ア)　］が設立された。この時定められた基準が，現在の法務省告示基準の基となっている。

日本学生支援機構によると，2018年５月現在の全留学生数は約30万人であり，うち法務省告示日本語教育機関の留学生数[C]は約９万人である。留学生の中には，アルバイト[D]をしながら学んでいる者もいる。

問１　文章中の下線部Ａ「法務省告示日本語教育機関」の2018年８月現在の数として最も適当なものを，次の１～４の中から一つ選べ。

1　約300

2　約500

3　約700

4　約900

問２　文章中の下線部Ｂ「教員等の基準」に関する記述として最も適当なものを，次の１～４の中から一つ選べ。

1　主任教員は，法務省告示日本語教育機関で常勤として３年以上の経験があること

2　主任教員は，大学で日本語教育を専攻し，学士の学位を有すること

3　校長は，法務省告示日本語教育機関で主任教員として３年以上の経験があること

4　校長は，大学院で日本語教育を専攻し，修士の学位を有すること

問3　文章中の［　(ア)　］に入れるのに最も適当なものを，次の１～４の中から一つ選べ。

1　日本国際協力センター

2　日本語教育学会

3　国際協力機構

4　日本語教育振興協会

問4　文章中の下線部Ｃ「法務省告示日本語教育機関の留学生数」の多い出身国・地域の組み合わせとして最も適当なものを，次の１～４の中から一つ選べ。

	1位	2位	3位
1	ベトナム	ネパール	インドネシア
2	ベトナム	中国	ネパール
3	中国	ベトナム	インドネシア
4	中国	インドネシア	ネパール

問5　文章中の下線部Ｄ「アルバイト」に関して，資格外活動としてアルバイトに従事できる時間はどれか。最も適当なものを，次の１～４の中から一つ選べ。

1　原則週７時間以内

2　原則週14時間以内

3　原則週21時間以内

4　原則週28時間以内

このページには問題が印刷されていません。

このページには問題が印刷されていません。

2019年度日本語教育能力検定試験

試験Ⅱ　問題冊子

30分

[注意事項]

1　「試験Ⅱを始めます」という指示があるまで，解答用紙への受験番号と氏名の記入以外は，鉛筆・シャープペンシルを持ってはいけません。

2　「試験Ⅱを始めます」という指示があるまで，この冊子の中を見てはいけません。

3　この問題冊子は19ページまであります。

4　問題は音声によって提示されます。

問題提示の前に，問題冊子および解答用紙の点検が指示されます。不備があった場合は，指示終了後直ちに手を挙げて，監督者に知らせてください。

問題の提示が始まってからは，問題冊子および解答用紙の取り替えは受け付けません。

5　監督者の指示に従って，解答用紙の所定の欄に，氏名および受験番号を正しく記入してください。受験番号は，数字欄に数字を記入し，その下のマーク欄にも必ずマークしてください。正しくマークされていないと，採点できないことがあります。

6　解答は全て解答用紙の解答欄にマークしてください。

例えば，問題1の1番に「a」と解答する場合，次の（例）のように問題1の1番の解答欄のⓐをマークしてください。

（例）

問題番号		解答欄
問題1	例	ⓐ ● ⓒ ⓓ
	1番	● ⓑ ⓒ ⓓ

問題冊子に記入しても採点されません。

また，後で転記する時間はないので，直接解答用紙の解答欄にマークしてください。

7　解答用紙の[注意事項]もよく読んでください。

8　この試験Ⅱの問題冊子は，必ず持ち帰ってください。ただし，この冊子の複写・複製，引用等は固く禁じます。

このページには問題が印刷されていません。

問題１は次のページにあります。

問題 1

これから，学習者が文を言います。問題冊子の下線を引いた部分について，学習者がどのようなアクセント形式で言ったかを聞いて，該当するものを，問題冊子の選択肢a，b，c，dの中から一つ選んでください。

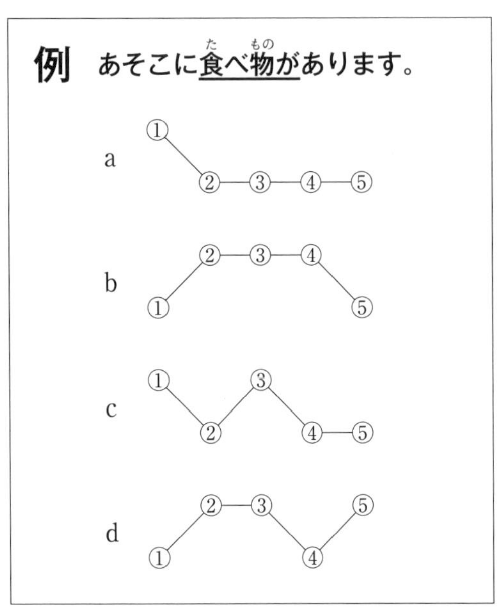

1番　そのホテルは，森(もり)の中(なか)にあります。

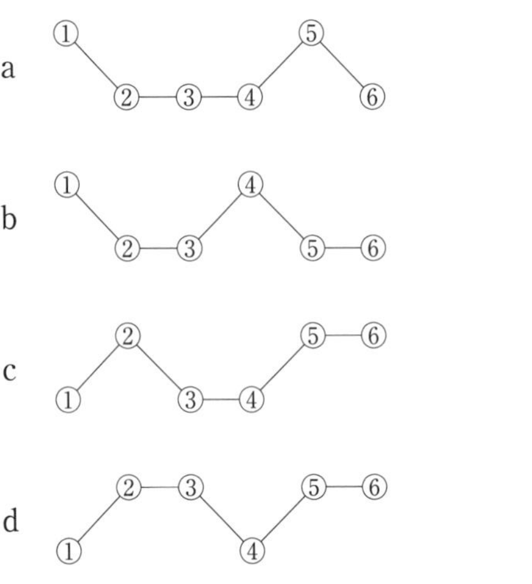

2番　子どもたちが，子(こ)ども部屋(べや)で遊んでいます。

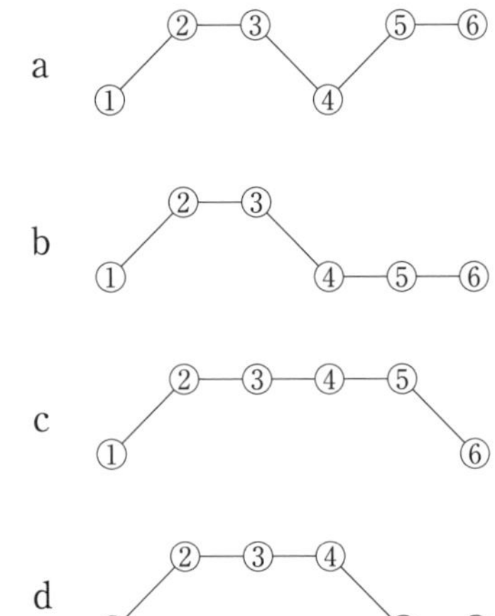

4

3番 いつも笑顔（えがお）でいれば，大丈夫です。

a
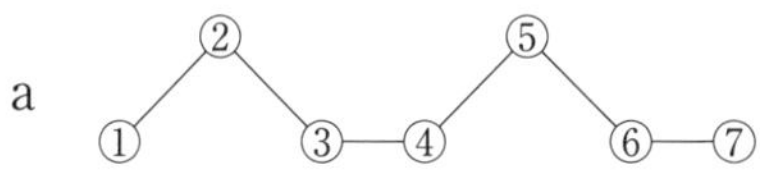

b
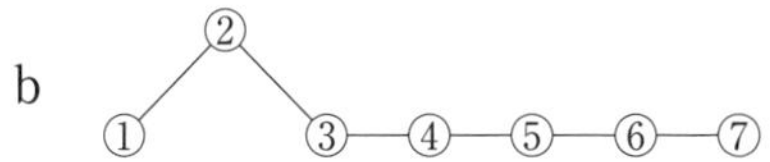

c
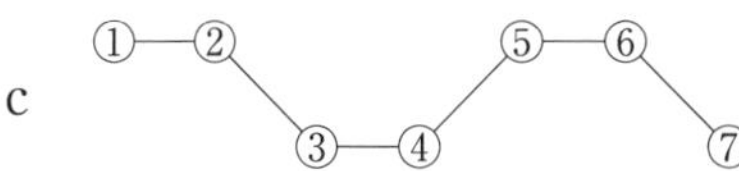

d
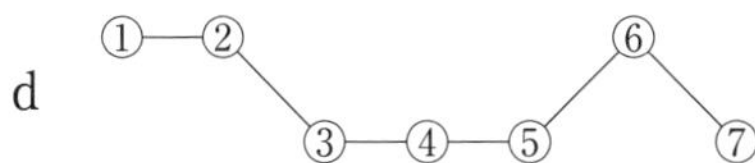

4番 姉は，豆（まめ）の煮物（にもの）が大好きです。

a
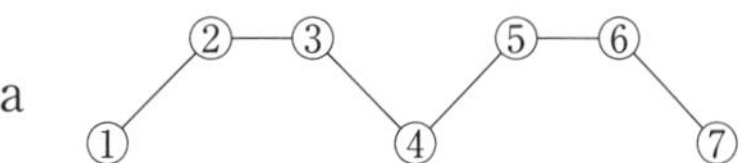

b
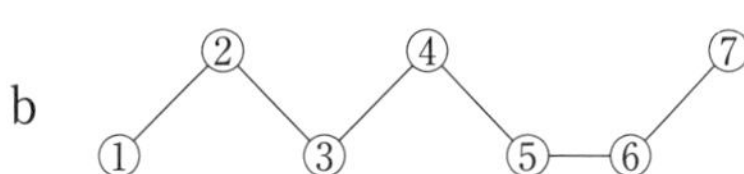

c
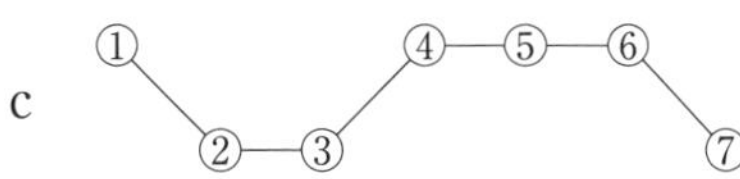

d
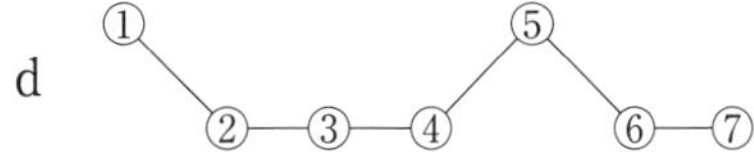

5番 これは，大事（だいじ）なものではありません。

a
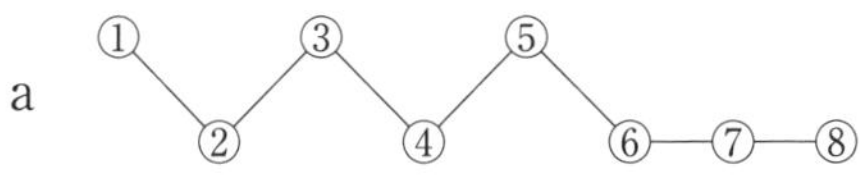

b
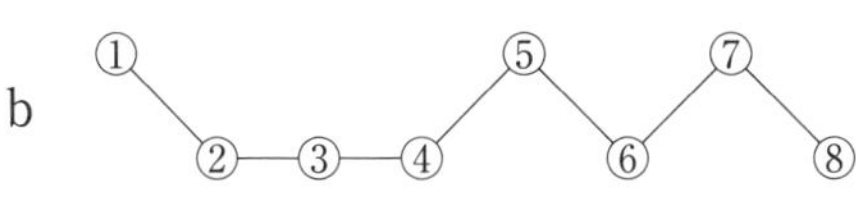

c
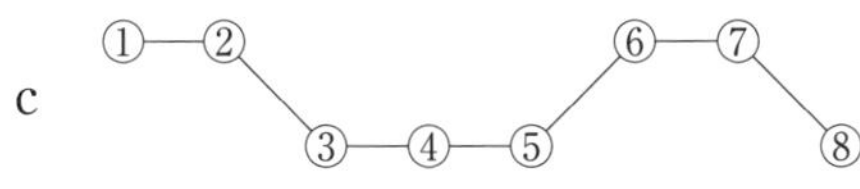

d
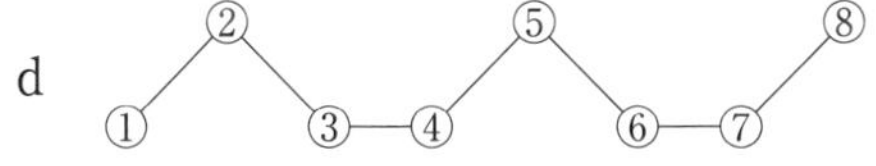

6番 もう間（ま）に合（あ）わないかもしれません。

a
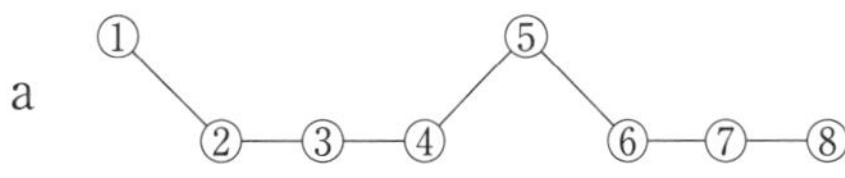

b
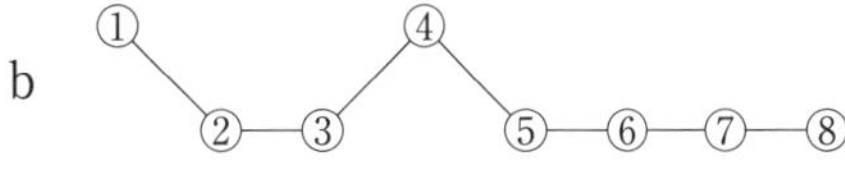

c
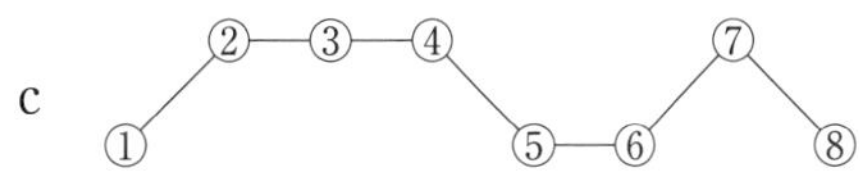

d
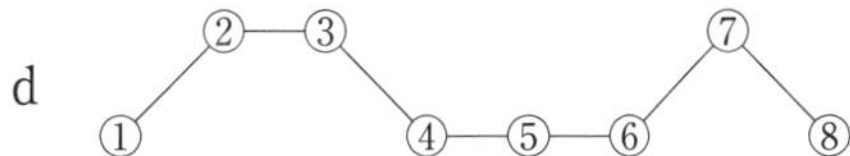

問題 2

これから，教師が，学習者の発音上，問題がある箇所を言い直します。発音上の問題として最も適当なものを，問題冊子の選択肢ａ，ｂ，ｃ，ｄの中から一つ選んでください。

例

a　拍の長さ
b　プロミネンス
c　アクセントの下がり目 と プロミネンス
d　句末・文末イントネーション

1番

a　アクセントの下がり目 と プロミネンス
b　プロミネンス と 句末・文末イントネーション
c　拍の長さ と 句末・文末イントネーション
d　拍の長さ と アクセントの下がり目

2番

a　アクセントの下がり目
b　プロミネンス
c　ポーズの位置
d　拍の長さ

3番

a　プロミネンス と 句末・文末イントネーション
b　拍の長さ と アクセントの下がり目
c　拍の長さ と プロミネンス
d　アクセントの下がり目

4番

a　句末・文末イントネーション

b　プロミネンス

c　ポーズの位置

d　拍の長さ

5番

a　プロミネンス

b　アクセントの下がり目

c　拍の長さ と 句末・文末イントネーション

d　アクセントの下がり目 と プロミネンス

6番

a　句末・文末イントネーション

b　拍の長さ と プロミネンス

c　アクセントの下がり目

d　アクセントの下がり目 と 句末・文末イントネーション

問題 3

これから，教師が，学習者の発音上，問題がある箇所を言い直します。発音上の問題として最も適当なものを，問題冊子の選択肢ａ，ｂ，ｃ，ｄの中から一つ選んでください。

例 たくさん　べんきょうしました。

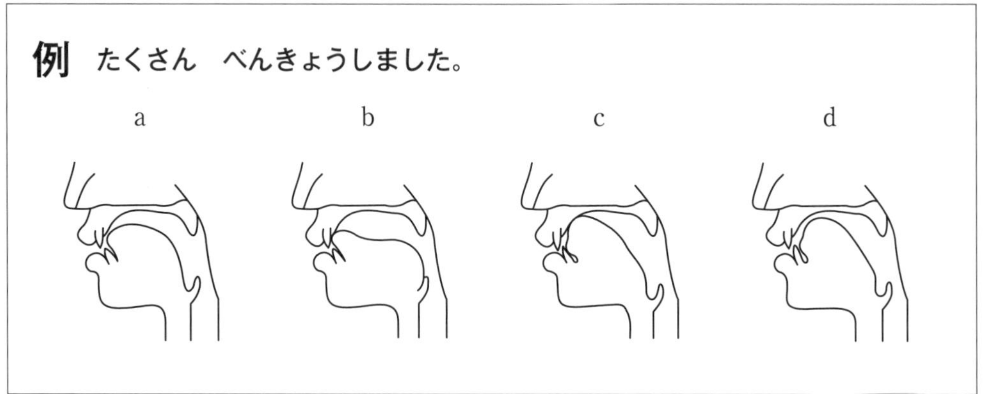

1番 フランスごは　にちじょうかいわなら　できます。

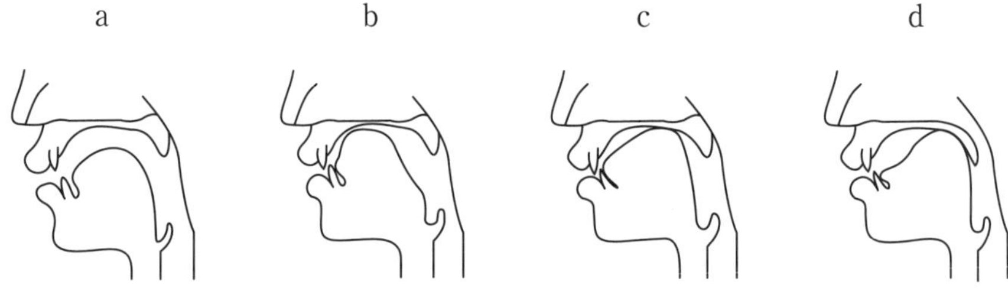

2番 ゆっくり　はなしてください。

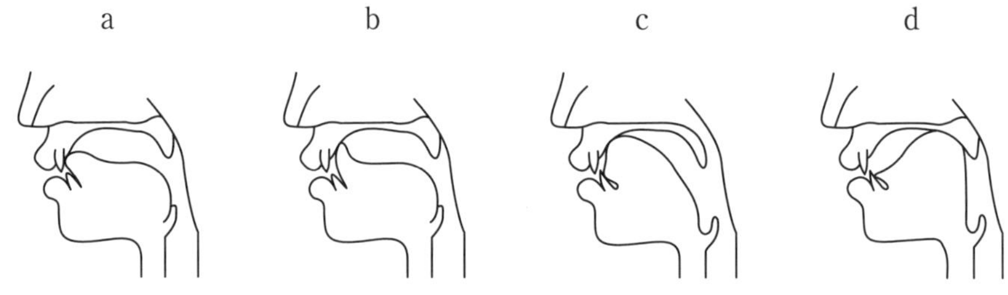

3番 しっかり　むすんでください。

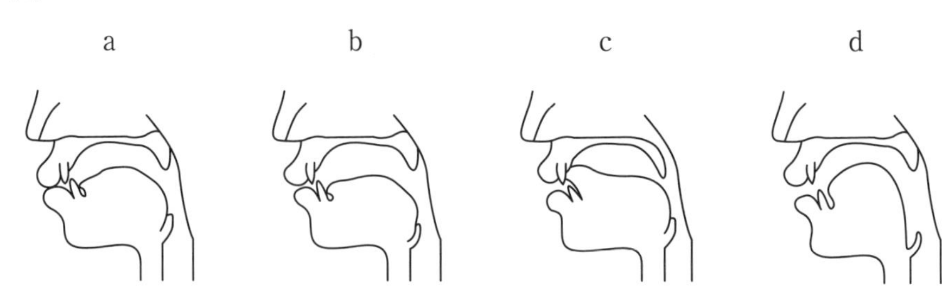

4番　わたしは　れんあいドラマが　すきです。

a　声帯振動

b　気息の有無

c　子音の挿入

d　子音の脱落

5番　きっと　できると　おもいます。

a　調音点

b　調音法

c　唇のまるめ

d　舌の高さ

6番　テストの　てんすうが　わるかったです。

a　調音点

b　調音法

c　気息の有無

d　調音点 と 調音法

7番　もよりの　えきは　どこですか。

a　舌の前後位置 と 舌の高さ

b　唇のまるめ と 調音点

c　舌の前後位置

d　舌の高さ

8番　こうえんで　こどもが　あそんでいます。

a　舌の前後位置

b　声帯振動

c　調音点

d　調音法

問題４

これから，日本語を母語とする人と日本語を母語としない人の会話などを聞きます。それぞれについて，問いが複数あります。それぞれの問いの答えとして最も適当なものを，問題冊子の選択肢ａ，ｂ，ｃ，ｄの中から一つ選んでください。**(この問題には例がありません。)**

１番　日本人とその同僚の外国人が，話しています。最初に話すのは日本人です。

問１　この同僚の外国人の発話に繰り返し見られる誤りは，次のうちどれですか。

ａ　逆接の接続詞と順接の接続詞の混同

ｂ　確認の終助詞と注意喚起の終助詞の混同

ｃ　特定の助詞とモダリティ形式の固定的な組み合わせの誤り

ｄ　特定の助詞と人物を表す名詞の固定的な組み合わせの誤り

問２　同僚の外国人が理解しやすいように，この日本人が工夫している点は，次のうちどれですか。

ａ　同じ言葉を繰り返して相手の理解を促している。

ｂ　言い換えを用いて相手の理解を促している。

ｃ　自分の理解を確認しながら相手の理解も確認している。

ｄ　発話を先取りしながら相手の理解を確認している。

2番 留学生が，インターンの経験について報告会で発表しています。

問1 この留学生の発話の問題点は，次のうちどれですか。

a 文末のテンスの不統一

b 文末のスピーチレベルの不統一

c 語用論的に不適切な語の使用

d 統語論的に不適切な副詞の使用

問2 この留学生の発話に観察される音声的な特徴は，次のうちどれですか。

a 句末に昇降調イントネーションが現れている。

b ポーズが不適切な位置に挿入されている。

c 文末にプロミネンスが置かれている。

d 拗音の直音化が起こっている。

3番 教師と学習者が，話しています。最初に話すのは教師です。

問1 この教師が用いている練習方法は，次のうちどれですか。

a TPR（Total Physical Response）

b VT法（Verbo-Tonal Method）

c サジェストペディア

d シャドーイング

問2 この学習者の発音が変わった点は，次のうちどれですか。

a リズム

b イントネーション

c プロミネンス

d アクセント

問題 5

これから，日本語学習者向けの聴解教材などを聞きます。それぞれについて，問いが複数あります。それぞれの問いの答えとして最も適当なものを，問題冊子の選択肢ａ，ｂ，ｃ，ｄの中から一つ選んでください。**（この問題には例がありません。）**

1 番

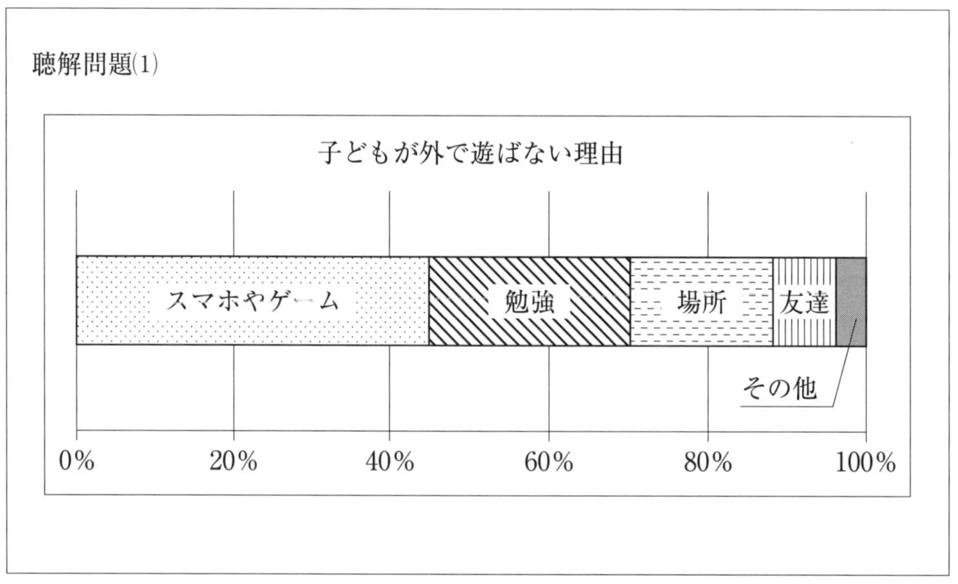

問 1　この聴解問題を解くために必要なストラテジーは，次のうちどれですか。

ａ　自己の体験と照合する。

ｂ　結論を予測する。

ｃ　情報を関連づける。

ｄ　事例を抽象化する。

問 2　この聴解教材の問題点は，次のうちどれですか。

ａ　聴解素材と選択肢で異なる表現を用いていること

ｂ　聴解素材を聞かなくても正答が導き出せること

ｃ　情報を選択するための手がかりが十分ではないこと

ｄ　日本事情の知識がなければ正答が選べないこと

2番

聴解問題(2)

（音声のみの聞き取り問題です。）

問1　この聴解問題を解くために必要な文法的知識は，次のうちどれですか。

a　言いさしとぼかし表現

b　終助詞と伝達表現

c　モダリティと推量表現

d　ヴォイスと受益表現

問2　この聴解教材の問題点は，次のうちどれですか。

a　話者の発話意図をくみ取るための情報が不十分な点

b　特定の語に関する社会文化的知識が必要となる点

c　縮約形を用いた口語的な表現が頻繁に用いられている点

d　同一話者内でスピーチレベルシフトが起こっている点

3番

聴解問題(3)

（音声のみの聞き取り問題です。）

問1　この聴解問題を解くために必要な能力は，次のうちどれですか。

a　特定の接続表現から談話展開を推測する能力

b　情報を絞り込みながら話を聞き取る能力

c　細部まで正確に聞いて因果関係を捉える能力

d　情報を時系列に沿って並べ直す能力

問2　この聴解問題を解くために理解が必要な語は，次のうちどれですか。

a　欲張り

b　見放題

c　贅沢（ぜいたく）

d　魅力的

このページには問題が印刷されていません。

問題６は次のページにあります。

問題 6

これから，学習者が短い文を言います。その中に含まれる誤りの説明として最も適当なものを，問題冊子の選択肢ａ，ｂ，ｃ，ｄの中から一つ選んでください。

例

a　動詞と副詞の混同

b　名詞と動詞の混同

c　動詞とイ形容詞の混同

d　動詞とナ形容詞の混同

1 番

a　イ形容詞の活用の誤り

b　ナ形容詞の活用の誤り

c　接続助詞の誤り

d　副詞の誤り

2 番

a　接続助詞の誤り

b　取り立て助詞の誤り

c　助動詞の活用の誤り

d　動詞の活用の誤り

3 番

a　主節の時制の誤り

b　形式名詞の誤り

c　主題化の誤り

d　連体詞の誤り

4番

a　助詞の脱落

b　主語と述語のねじれ

c　指示詞の誤り

d　動詞の活用の誤り

5番

a　副詞の誤り

b　連体修飾の誤り

c　テンスとアスペクトの混同

d　「に」と「で」の混同

6番

a　ダイクシスの誤り

b　モダリティ表現の誤り

c　格助詞の誤り

d　使役形の誤り

7番

a　主題化の誤り

b　アスペクトの誤り

c　他動詞と自動詞の混同

d　主語と述語のねじれ

8番

a　イ形容詞とナ形容詞の混同

b　理由表現と条件表現の混同

c　並列の表現の誤り

d　格助詞の誤り

このページには問題が印刷されていません。

このページには問題が印刷されていません。

2019年度日本語教育能力検定試験

試験Ⅲ　問題冊子

120分

[注意事項]

1　試験開始の合図があるまで，この問題冊子の中を見てはいけません。

2　この問題冊子は51ページまであります。

3　試験中に，問題冊子の印刷不鮮明，ページの落丁・乱丁および解答用紙の汚れ等に気づいた場合は，手を挙げて監督者に知らせてください。

4　監督者の指示に従って，解答用紙（マークシートと記述解答用紙）の所定の欄に，氏名および受験番号を正しく記入してください。受験番号は，数字欄に数字を記入し，その下のマーク欄にも必ずマークしてください。正しくマークされていないと，採点できないことがあります。

5　問題１～16の解答はマークシートの解答欄にマークしてください。

例えば，問題１の問１に「２」と解答する場合，次の（例）のように問題１の問１の解答欄の②をマークしてください。

(例)

問題番号		解　答　欄
問題1	問1	①　●　③　④
	問2	①　②　③　④

問題17の解答は記述解答用紙に記入してください。

問題冊子に記入しても採点されません。

6　解答用紙の［注意事項］もよく読んでください。

7　この試験Ⅲの問題冊子は，必ず持ち帰ってください。ただし，この冊子の複写・複製，引用等は固く禁じます。

このページには問題が印刷されていません。

問題１は次のページにあります。

問題1　次の文章を読み，下の問い（問1～5）に答えよ。

ある事態（出来事）をどのように描くかということに関して，世界の諸言語には様々な違いがある。例えば英語では，一般に，動作主・原因を主語にして述べることを好む。このため，日常会話の中では他動詞文(A)が多用される傾向がある。これに対し，日本語では話し手が事態に関与する場合には，話し手を主語にして述べる傾向があり，様々な受身文が発達している。例えば，いわゆる迷惑受身（間接受身）(B)は他の言語にはあまり見られない。さらに，「お茶が入った」「風呂が沸いた」のように，自動詞(C)表現を好むとも言われる。

事態の参与者の何を主語にして述べるかに関わる文法カテゴリー(D)は，ヴォイスと呼ばれる。話し手が何を主語にするかは談話の中での視点の統一にも関わっている(E)。日本語教育においては，この点においても指導が必要である。

問1　文章中の下線部A「他動詞文」の典型的な特徴として最も適当なものを，次の1～4の中から一つ選べ。

1　動作主が対象の変化を引き起こす。

2　動作主と対象が相互に働きかけ合う。

3　補語にヲ格ではなくニ格名詞をとる。

4　主語の状態や補語との関係を表す。

問2　文章中の下線部B「迷惑受身（間接受身）」の例として最も適当なものを，次の1～4の中から一つ選べ。

1　先生に掃除を頼まれて，面倒だった。

2　夫が知人に批判されて，悲しかった。

3　花子に先に就職されて，悔しかった。

4　若者から席を譲られて，嫌だった。

問3　文章中の下線部C「自動詞」に関する記述として**不適当なもの**を，次の1～4の中から一つ選べ。

1　動詞の受身形は，実質的に自動詞として機能する場合がある。

2　自動詞は，意志的な意味のものと非意志的な意味のものに大別される。

3　対応する他動詞を持つ自動詞は，主体の変化を表すことが多い。

4　対応する他動詞を持つ自動詞は，語末の形態が「-asu」のものが多い。

問4　文章中の下線部D「文法カテゴリー」に関する記述として最も適当なものを，次の1～4の中から一つ選べ。

1「本を読めば」等の条件を表すレバ節には，文法カテゴリーのうちヴォイス形式のみ出現できる。

2「本を読みながら」等の付帯状況のナガラ節には，文法カテゴリーのうちヴォイス形式のみ出現できる。

3「読ませていただろう」のように，述語構造においては，モダリティ形式がヴォイス形式に先行する。

4「読ませていただろう」のように，述語構造においては，テンス形式がヴォイス形式に先行する。

問5　文章中の下線部Eに関する記述として最も適当なものを，次の1～4の中から一つ選べ。

1　新情報として談話に導入されるということが，主語となる条件である。

2　無生物の名詞が事態を引き起こす原因である場合，これが主語になる。

3　事態が話し手にとって迷惑である場合，聞き手の視点から述べられる。

4　事態の参与者のうち，話し手にとってより身近な人に視点が置かれる。

問題２　次の文章を読み，下の問い（問１～５）に答えよ。

言語の発音は規範意識と大きく関わる。例えば，いわゆるガ行鼻濁音は日本語の「標準語」において「美しい」発音とされてきた。それは，「標準語」が東京方言(A)の音韻規則を受け継いだためである。しかし，近年ではガ行鼻濁音は衰退しつつあり，現在も進行中である長期的な歴史的変化(B)の一つだといえる。

また，言語の発音には，調音時の各部位の動き(C)を自覚しやすいものと自覚しにくいものがある。音声教育においては，負の転移(D)をそのまま指摘するだけでは十分ではない。

教師はこうした知識を持ちつつ，学習者が自ら発音の違いに気づけるように発音の区別の手がかりを示す(E)必要がある。

問１　文章中の下線部Ａ「東京方言」に見られる音韻現象として**不適当なもの**を，次の１～４の中から一つ選べ。

1　「箱」などが複合語の後部要素になったとき連濁を起こす。

2　「白い」などの活用語尾が連用形でウ音便を起こす。

3　「北」などで無声音に挟まれた狭母音が無声化する。

4　「若い」などで連母音/ai/が融合し[e(:)]となる。

問２　文章中の下線部Ｂ「現在も進行中である長期的な歴史的変化」の例として最も適当なものを，次の１～４の中から一つ選べ。

1　動詞の活用の型数の増加

2　拗音に見られる唇音の退化

3　動詞における受身形と可能形の分化

4　イ列における二種の仮名の使い分け

問3　文章中の下線部C「調音時の各部位の動き」に関して，子音の調音動作の説明として最も適当なものを，次の1～4の中から一つ選べ。

	調音	調音動作
1	ひ	硬口蓋と舌で狭窄を作って，呼気を通過させる。
2	や	軟口蓋と舌を近づけるが，気流は阻害せず通過させる。
3	く	舌を硬口蓋に瞬間的に軽く打ちつけてから戻す。
4	ち	上歯と舌端で閉鎖を作って，閉鎖の開放後も狭窄は残す。

問4　文章中の下線部D「負の転移」の例として最も適当なものを，次の1～4の中から一つ選べ。

1　英語母語話者が「月」を[sukʲi]と発音するのは，英語では歯茎破擦音が語頭に現れないためである。

2　韓国語母語話者が「七」を[ʃiʃi]と発音するのは，韓国語では摩擦音と破擦音が弁別されないためである。

3　スペイン語母語話者が「券」を[kin]と発音するのは，スペイン語には母音が三つしかないためである。

4　中国語母語話者が「千」を[ʃen]と発音するのは，中国語では歯茎音と後部歯茎音が弁別されないためである。

問5　文章中の下線部Eの例として最も適当なものを，次の1～4の中から一つ選べ。

1　/seQsi/（摂氏）と/seQti/（設置）を発音し分ける手がかりとして，手で拍子を取らせる。

2　/hyoR/（表）と/hiyoR/（費用）を発音し分ける手がかりとして，喉に手を当てて声帯の振動開始のタイミングを感じさせる。

3　「船」の発音として[ɸɯne]と[xɯne]の違いを知るために，鏡で学習者の唇の形を観察させる。

4　「砂」の発音として[suna]と[sɯna]の違いを知るために，鼻をつまんだときと離したときの発音のしやすさを比べさせる。

問題3　次の文章を読み，下の問い（問1～5）に答えよ。

副詞は，意味的，形態論的に多様な性質を持つ語を含む品詞である。その中で様態副詞は，手を叩く「ぱちぱち」のように事態の開始とともに発生し，終了とともに消えるさまを表す[A]。程度副詞は，感情・感覚を表す動詞とも漸次的な変化を表す動詞[B]とも結びつくのが特徴である。程度副詞が様態副詞と共起する[C]こともある。

形態論的には，他の品詞から転成した副詞[D]も多く，成り立ちは複雑である。また，副詞は類義関係にあるものも多く，その意味的な特徴を正確に把握していないと「雨が急遽（きゅうきょ）降りだした[E]」のような誤用を生むことがある。そのため，副詞を指導する際はこれらの性質を理解しておくことが必要である。

問1　文章中の下線部Aの例として最も適当なものを，次の1～4の中から一つ選べ。

1　服がびしょびしょに濡れた。

2　喉がからからに渇いた。

3　豚がまるまると太った。

4　雪がちらちらと舞った。

問2　文章中の下線部B「漸次的な変化を表す動詞」の例として最も適当なものを，次の1～4の中から一つ選べ。

1　喜ぶ

2　眠る

3　生まれる

4　痩せる

問3　文章中の下線部C「程度副詞が様態副詞と共起する」例として最も適当なものを，次の1～4の中から一つ選べ。

1　どうかゆっくり進んでください。

2　かなりきっぱりと断ったんです。

3　けっこうすぐに勝敗が決まるでしょう。

4　だんだんぽかぽかしてきましたね。

問4　文章中の下線部Ｄ「他の品詞から転成した副詞」に関する記述として最も適当なものを，次の１～４の中から一つ選べ。

1　「図る」の打ち消しに「も」が後接した「図らずも」

2　「さん然」に並列の「と」が後接した「さん然と」

3　「ある」の連用形に「とも」が前接した「ともあれ」

4　「やすい」の連体形に「た」が前接した「たやすく」

問5　文章中の下線部Ｅ「雨が急遽（きゅうきょ）降りだした」の「急遽（きゅうきょ）」の誤用の要因として最も適当なものを，次の１～４の中から一つ選べ。

1　プラスマイナスのイメージはないという特徴を理解していないため

2　硬い書き言葉として用いられるという特徴を理解していないため

3　突然の事態に対応する様子を表すという特徴を理解していないため

4　事態が漸次的に変化する様子を表すという特徴を理解していないため

問題４　次の文章を読み，下の問い（問１～５）に答えよ。

否定の言語表現の意味や用法を正しく理解し適切に運用できるように指導することは，どのレベルの学習者に対しても重要である。初級では，述語の否定形の作り方(A)に注意が必要である。応答表現「いいえ」の用法(B)も学習者の母語とは異なる場合がある。中級以上になると，「車では行かなかった」や「悲しくて泣いているんじゃない」などの文のように，否定の焦点(C)の理解が必要な文型が出てくる。また，「楽しくなくはない」や「面白くないわけじゃない」など，二重否定の構文が持つ意味やニュアンス(D)も適切な運用には不可欠な知識と言える。

以上のように，否定表現の意味と用法には留意すべき点が多い。そのため，初級の応答練習では，導入した文型の否定文で単純に応答させると，返答が語用論的に適切でなくなることがある(E)。教師は運用上適切な応答形式を優先して示す必要がある。

問１　文章中の下線部Ａ「述語の否定形の作り方」に関して，同じように活用する語の組み合わせとして最も適当なものを，次の１～４の中から一つ選べ。

1　「知る」「作る」「ある」

2　「明るい」「悪い」「いい」

3　「楽しい」「難しい」「きれい」

4　「見る」「出掛ける」「できる」

問２　文章中の下線部Ｂ「応答表現『いいえ』の用法」に関する記述として最も適当なものを，次の１～４の中から一つ選べ。

1　真偽疑問文の応答にも疑問詞疑問文の応答にも使用できる。

2　後続の応答が肯定文であっても否定文であっても使用できる。

3　相手の質問に対する否定的応答にも話題転換にも使用できる。

4　相手の質問に対する応答にも相づちにも使用できる。

問3　文章中の下線部C「否定の焦点」に関して，下線部が**否定の焦点になっていないもの**を，次の１～４の中から一つ選べ。

1　人は一人で生きているんじゃありません。

2　電車で大学まで通っているんじゃありません。

3　わざと間違えたわけじゃありません。

4　お金が欲しくて働いているわけじゃありません。

問4　文章中の下線部D「二重否定の構文が持つ意味やニュアンス」に関する記述として最も適当なものを，次の１～４の中から一つ選べ。

1　否定文よりも否定のニュアンスが強い。

2　肯定文よりも肯定のニュアンスが強い。

3　否定文よりも肯定文の意味に近い。

4　肯定文よりも否定文の意味に近い。

問5　文章中の下線部Eに当てはまる質問文の例として最も適当なものを，次の１～４の中から一つ選べ。

1　許可を問う「このペンを使ってもいいですか」

2　真偽を問う「ジョンソンさんは大学生ですか」

3　経験を問う「歌舞伎を見たことがありますか」

4　能力を問う「車を運転することができますか」

問題５　次の文章を読み，下の問い（問１～５）に答えよ。

初級レベルの学習者に対する直接法の授業には様々な方法があるが，学習した文型を使って運用能力を養う授業としては，次のようなものがある。

まず，文型に応じて学習目標を決め，授業の計画を立てる。授業の基本的な手順としては，最初にウォームアップ(A)を行い，文型導入(B)に移る。続いて，反復練習や拡張練習(C)などの基本練習を行う。最後に応用練習(D)を行い，運用能力を高める活動を行う。

文型には，それぞれに注意すべきところがある。例えば，授受表現の文型は中級の学習者でも誤用が見られ(E)，教える際は注意が必要である。

問１　文章中の下線部Ａ「ウォームアップ」の方法とその目的として最も適当なものを，次の１～４の中から一つ選べ。

１　新出の語彙を多く使って話しかけ，学習の動機づけを行う。

２　目標の学習文型を使った文を復唱させ，口慣らしを行う。

３　誤用を引き出して明示的に訂正を行い，注意を向けさせる。

４　復習を兼ねた会話の練習を行い，心理的な緊張を和らげる。

問２　文章中の下線部Ｂ「文型導入」を行う際の留意点として**不適当なもの**を，次の１～４の中から一つ選べ。

１　既習事項を用いて学習者とやり取りをし，一方的な説明にならないようにする。

２　最初に文型の意味や機能を説明し，文型の意味を推測させないようにする。

３　使用する語彙の難易度に気をつけ，新しい文型に集中できるようにする。

４　学習者が教室外で遭遇する状況を設定し，文型の意味を理解しやすくする。

問3　文章中の下線部C「拡張練習」の例として最も適当なものを，次の1～4の中から一つ選べ。

1　教　師：リンさん，公園，連れて行きます。
　学習者：リンさんに公園へ連れて行ってもらいました。
　教　師：太郎さん，日本語，教えます。
　学習者：太郎さんに日本語を教えてもらいました。

2　教　師：田中さんは誰にパソコンを貸してもらいましたか。山田さん。
　学習者：田中さんは山田さんにパソコンを貸してもらいました。
　教　師：李さんはトムさんに何を買ってきてもらいましたか。コーヒー。
　学習者：李さんはトムさんにコーヒーを買ってきてもらいました。

3　教　師：買ってくれました。
　学習者：買ってくれました。
　教　師：時計を。
　学習者：時計を買ってくれました。
　教　師：母が。
　学習者：母が時計を買ってくれました。

4　教　師：買います。
　学習者：買ってくれます。
　教　師：書きます。
　学習者：書いてくれます。
　教　師：調べます。
　学習者：調べてくれます。

問4　文章中の下線部Ｄ「応用練習」を行う際の指導上の留意点として最も適当なものを，次の１～４の中から一つ選べ。

1　導入した文型だけでなく，既習文型も組み合わせて使える活動にする。

2　学習者にモデル会話を繰り返し復唱させ，流暢に言えるようにする。

3　役割や場面を設定して行う活動は，本物のやり取りではないため避ける。

4　学習者間で口頭運用能力に差がある場合，情報差を埋めるタスクを避ける。

問5　文章中の下線部Ｅに関して，誤用の記述として最も適当なものを，次の１～４の中から一つ選べ。

1　「東京にもやっと春が来てもらった」は，ガ格に用いられる語が人間ではないことによる誤りである。

2　「先生にお土産をおあげしました」は，一般的な謙譲語の作り方のルールを適用したことによる誤りである。

3　「先生，明日休ませていただきませんか」は，許可を求める際に使役形を用いたことによる誤りである。

4　「タクシーを呼んだらすぐに来てもらった」は，前件と後件の主語が異なることによる誤りである。

このページには問題が印刷されていません。

問題６は次のページにあります。

問題6　次の文章と資料を読み，後の問い（問１～５）に答えよ。<資料>は，Ｘ先生の授業の流れに関するメモである。

日本語教師のＸ先生が課題遂行型で実施した授業について先輩のＹ先生と話している。

Ｘ先生：課題遂行型の授業をしてみたんですが，あまりうまくいかなくて。授業の流れを書いたメモがあるんですが，見ていただけませんか。
Ｙ先生：いいですよ，見てみましょう。

<資料>　Ｘ先生の授業の流れに関するメモ

３月25日『わいわい日本語』12課	
目　標	花見に行くときにどんな食べ物や飲み物を誰が用意するかなど，短い簡単な表現で計画を立てるための話し合いができる。(CEFR A2レベル)
STEP 1	① その日のテーマと授業の目標を確認する。 ② 語彙を確認する。
STEP 2	③ 花見を計画する場面のモデル会話を聞いて，クラスで内容を確認する。 ④ モデル会話に出てくる表現「私は，くだものを<u>持っていきます</u>(A)」の意味と機能を理解する。 ⑤ ペアでモデル会話の練習を行う。
STEP 3	⑥ 花見に持っていく食べ物や飲み物を考え，「私は，●●を持っていきます」という文を作って一人ずつ発表する。 ⑦ 授業の目標を再確認し，目標が達成できたかどうかチェックリストで<u>自己評価をする</u>(B)。

Ｘ先生：詳しい<u>教案</u>(C)じゃなくてすみません。
Ｙ先生：いいえ，大丈夫ですよ。（メモを見たあと）うーん，<u>こうした活動では目標の達成が難しい</u>(D)ですね。今度，授業を録画して，それを複数の教師で見ながら一緒に<u>改善方法</u>(E)について考えてみましょう。
Ｘ先生：あ，そうですね。次は録画します。ありがとうございます。

問１　＜資料＞の下線部Ａ「持っていきます」に関して，この「～ていく」と同じ用法の例として最も適当なものを，次の１～４の中から一つ選べ。

1　桜は花びらが散っていく様子がとても美しいです。

2　新聞によると，花見客は今後も増えていくそうです。

3　林さんは花見に子どもを連れていくと言っていました。

4　花見まで時間があるので，家で少し食べていくつもりです。

問２　＜資料＞の下線部Ｂによって期待される効果として**不適当なもの**を，次の１～４の中から一つ選べ。

1　学習者が自身の学習達成度を把握し，他者との達成度の違いを認識できる。

2　学習者自身がまだ十分できない点を認識し，今後の学習目標の構築ができる。

3　学習者が自身の学習成果を把握し，学習動機を高めることができる。

4　学習者自身が授業の目標を意識することで，学習に責任を持つ習慣ができる。

問３　文章中の下線部Ｃ「教案」作成上の留意点として**不適当なもの**を，次の１～４の中から一つ選べ。

1　学習が効果的に展開するように，各活動の時間を分単位で把握するようにする。

2　授業目標が達成できるように，目標と活動のつながりを意識する。

3　自由な発話を引き出すため，学習者の発話は事前に想定しないようにする。

4　学習者の既習知識を生かすため，既習事項と授業活動の関連性に配慮する。

問４　文章中の下線部Ｄの理由として最も適当なものを，次の１～４の中から一つ選べ。

1　③の活動が花見を計画する会話の聴解になっているため，スキーマが活性化しない。

2　④の活動で「～てきます」を併せて教えていないため，文法の理解が深まらない。

3　⑤の活動でモデル会話を覚えさせていないため，言語処理の自動化が促されない。

4　⑥の活動が発表で終わっているため，授業中にインターアクションの機会がない。

問5　文章中の下線部Ｅ「改善方法」を考える際の留意点として最も適当なものを，次の１～４の中から一つ選べ。

１　複数の考え方に惑わされないように，問題解決のための観点を一つに絞る。

２　自分に限界を定めず，取り組むべき課題をできるだけ多く設定するようにする。

３　社会や言語教育観の変化に影響されないように，普遍的な方法で解決を試みる。

４　解決方法を見つけるため，具体的にどこに問題があるのかを考えるようにする。

このページには問題が印刷されていません。

問題７は次のページにあります。

問題７　上級レベルの留学生を対象としたクラスにおいて，プレゼンテーションの授業を実施した。次の資料を読み，後の問い（問１～５）に答えよ。＜資料＞は授業の概要である。

＜資料＞　授業の概要

<table>
<tr><td colspan="2">学 習 者</td><td>大学１年生，上級レベル，８名（多国籍）</td></tr>
<tr><td colspan="2">授業時間</td><td>90分×４コマ</td></tr>
<tr><td colspan="2">目　　的</td><td>社会問題をテーマとして，アカデミック・プレゼンテーションの方法を身につける。</td></tr>
<tr><td rowspan="4">授業の流れ</td><td>第１回</td><td>① モデルとなるプレゼンテーションの映像を視聴させる。
② 内容の確認後，プレゼンテーションを行う際の留意点（A）について学生同士で話し合わせる。
③ 用意したルーブリック（B）で①のプレゼンテーションを評価させ，到達目標を確認させる。
④ 社会問題に関するテーマを決めさせ，そのアウトラインの案を各自で考えさせる。
【宿題】アウトラインの作成</td></tr>
<tr><td>第２回</td><td>⑤ 学生が作成してきたアウトラインについて，学生同士でコメントさせる。
⑥ 各自でアウトラインを再考させる。
⑦ スライドの例を提示し，情報の示し方（C）を指導する。
⑧ 談話標識など，プレゼンテーションで使う表現を指導する。
【宿題】スライドの作成</td></tr>
<tr><td>第３回</td><td>⑨ 学生が作成したスライドの内容に対し，アドバイスを行う。
⑩ スライドを用いながら，プレゼンテーションの練習（D）をさせる。
【宿題】プレゼンテーションの準備，リハーサル</td></tr>
<tr><td>第４回</td><td>⑪ 全員の前でプレゼンテーションと質疑応答（E）を行わせる。
⑫ ③のルーブリックを用いて互いのプレゼンテーションを評価させる。</td></tr>
</table>

問１　<資料>の下線部Ａ「プレゼンテーションを行う際の留意点」として最も適当なものを，次の１～４の中から一つ選べ。

1　制限時間を超過しそうな場合は，話すスピードを上げ，用意した全てを伝える。

2　導入の段階で前もって概要や構成を伝え，聞き手に全体の道筋を把握させる。

3　聞き取りやすくするため，同じトーンやテンポで話すように意識する。

4　知的学習を促進するため，聞き手の専門を問わず，専門用語や略語を使用する。

問２　<資料>の下線部Ｂ「ルーブリック」に関する記述として最も適当なものを，次の１～４の中から一つ選べ。

1　複数の項目で評価ができ，パフォーマンスの質の評価に向いている。

2　項目ごとに到達度を評価でき，大規模な客観テストに向いている。

3　各項目にコメントを書く欄があり，評価内容を具体的に伝えられる。

4　自由記述欄があり，記載の評価項目以外についても評価が行える。

問３　<資料>の下線部Ｃ「情報の示し方」として**不適当なもの**を，次の１～４の中から一つ選べ。

1　一つの文に複数の情報を入れず，情報ごとに文を分ける。

2　聴衆を引き付けるためにアニメーションを多用し，効果音を入れる。

3　図や表を引用する際は，スライドの中に出典の情報を示す。

4　文が長い場合，体言止めを用いてスライド内の文字数を減らす。

問４　<資料>の下線部Ｄ「プレゼンテーションの練習」の際に，学生が用いた表現とその言語現象の組み合わせとして最も適当なものを，次の１～４の中から一つ選べ。

	学生が用いた表現	言語現象
1	調査しないと分かんないと思います。	ら抜き言葉の使用
2	このままでは暮らしていかれません。	ら抜き言葉の使用
3	負の連鎖を終わらさせようとしています。	さ入れ言葉の使用
4	資料を分析させていただきました。	さ入れ言葉の使用

問5　<資料>の下線部Ｅ「質疑応答」に関して，発表者に対する指導として**不適当なもの**を，次の１～４の中から一つ選べ。

１　プレゼンテーションが終わったら質疑応答に集中できるように，スライドの画面を消す。

２　十分に考察できていない点に関する質問に対しては，答えられないことを率直に伝える。

３　聞き手が持つであろう疑問を予想し，プレゼンテーション前に回答や資料を準備しておく。

４　説明の不十分さからくる質問もあることを想定し，質問者の意図を読み取って対応する。

このページには問題が印刷されていません。

問題８は次のページにあります。

問題8　タイの高校における日本語クラスで行った授業に関する次の資料を読み，後の問い（問1～5）に答えよ。＜資料＞は授業の概要である。

＜資料＞　授業の概要

授業デザイン	内容言語統合型学習（CLIL）(A)を取り入れ，特定の内容を日本語で学ぶ授業を設計する。
学習者	タイの高校生，中級レベル，30名
授業時間	200分
学習目標	日本とタイにおける「ごみとリサイクル」について情報を整理・分析し，環境問題について理解する。また，グループのメンバーで意見を出し合って自分たちができる解決方法を提案する。
活動の流れ	① 授業の目標と活動の流れを説明する。 ② 話し合いのテーマを学習者に伝える。 （テーマ：「ごみとリサイクル」） ③ 資料1《ごみ焼却炉数各国比較表》と資料2《千葉市のごみの出し方に関するルール》を配付し(B)，「ごみとリサイクル」についてグループで話し合わせる。 ④ 日本とタイの「ごみとリサイクル」に関する読解用の資料を複数用意し，スキミングのスキルを使って読む(C)ように促す。 ⑤ クラスで日本とタイの状況を比較させたうえで，タイの「ごみとリサイクル」について解決すべき問題を設定させる。 ⑥ グループで⑤で設定した問題の要因を細分化して整理(D)させる。 ⑦ グループで⑤で設定した問題に対する解決方法について話し合わせ，ポスターにまとめて発表させる。 ⑧ 問題や解決方法に関する自分の意見を書かせ(E)，学習について内省させる。

問1　<資料>の下線部A「内容言語統合型学習（CLIL）」の指導に関する記述として最も適当なものを，次の1～4の中から一つ選べ。

1　学習者に母語や媒介語を使用させず，日本語を使う機会を増やす。

2　言語構造よりも意味と理解を重視し，聴解の練習を優先的に行う。

3　学習者が活動に必要な言葉を日本語で言えないときは，教師が即座に支援する。

4　学習者が日本語の表現を間違えたときは，教師がその時点で一つ一つ訂正する。

問2　<資料>の下線部Bで用いる資料を選ぶ際の留意点として**不適当なもの**を，次の1～4の中から一つ選べ。

1　学習者が学習済みの語や文法で資料が構成されていること

2　学習者が知的好奇心を刺激される内容の資料であること

3　学習者が，自分と資料の内容とに関わりを感じられること

4　学習者が，資料が実際に使われている状況を理解できること

問3　<資料>の下線部C「スキミングのスキルを使って読む」例として最も適当なものを，次の1～4の中から一つ選べ。

1　テーマに関する文章を読み，使われている文法や文構造を理解する。

2　テーマに関する文章を読み，文章全体の大まかな意味を理解する。

3　テーマに関する意見文を読み，一文ずつ事実と意見とに分類する。

4　テーマに関する図表を見て，必要な情報をできるだけ速く探す。

問4　＜資料＞の下線部D「問題の要因を細分化して整理」するために使う思考ツールとして最も適当なものを，次の１～４の中から一つ選べ。

１　ボーン図

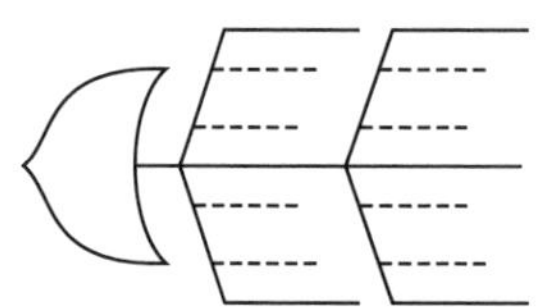

２　同心円チャート

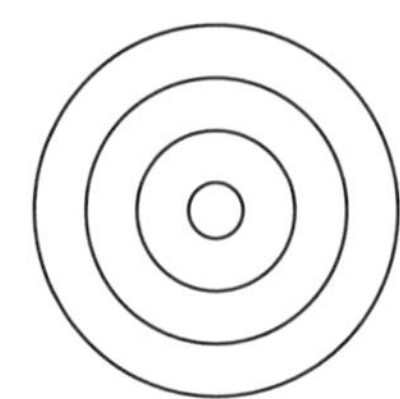

３　ベン図

４　ピラミッドチャート

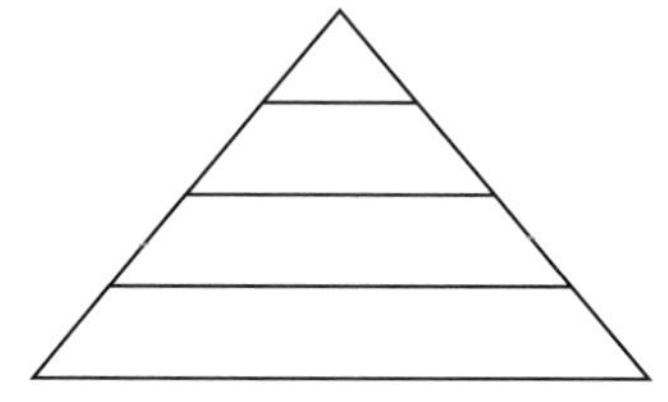

問5　＜資料＞の下線部Eの活動における指導の留意点として最も適当なものを，次の１～４の中から一つ選べ。

１　意見に説得力を持たせるため，多様な視点から考えるよう意識させる。

２　一人で書けない学習者には，これまで出た様々な意見を整理させる。

３　新しく学んだ言語形式をできるだけ多く取り入れて書くよう指導する。

４　グループの意見と齟齬が無いように自分の意見をまとめさせる。

このページには問題が印刷されていません。

問題９は次のページにあります。

問題９　次の文章を読み，下の問い（問１～５）に答えよ。

日本において外国人の受入れが加速化している。日本での移住後の生活（A）をより良いものにするためには，全ての人が希望を持って行動できる社会にしていく必要があるだろう。その行動を起こすための原動力となるのが欲求である。そして，この人間の欲求については，マズロー（A.H.Maslow）により階層性を持つものとして理論化され，下位の欲求が順に満たされると最も高次の欲求（B）につながるとされている。

しかし，現実世界と欲求の間には「葛藤」が生じやすい。それに対して心の安定を保とうとする働きが「防衛機制（C）」であるが，異文化への適応という点からは必ずしも合理的に機能するとは限らない。

来日する外国人留学生数も増えているが，留学生は適応に関して様々な問題を抱えている。そのため，日本語教師は，留学生の心理的な混乱や不適応に対応する（D）ことが必要である。それに備えて異文化間カウンセリング（E）について理解しておくとよい。

問１　文章中の下線部Ａ「移住後の生活」のメンタル・ヘルスに関する記述として最も適当なものを，次の１～４の中から一つ選べ。

1　一般的に思春期の人と高齢者は移住による影響が少なく，現地に適応しやすい。
2　移住後３か月から18か月，特に12か月前後の人が精神面で危機に陥りやすい。
3　自分と同じ文化のコミュニティに接触できる環境にある人は，より適応しにくい。
4　入念に準備する人より，移住後に対応すればよいと考える人のほうが挫折しにくい。

問２　文章中の下線部Ｂ「最も高次の欲求」はどれか。最も適当なものを，次の１～４の中から一つ選べ。

1　尊敬・承認欲求
2　所属・愛情欲求
3　生理的欲求
4　自己実現の欲求

問3　文章中の下線部C「防衛機制」の一つである「合理化」の例として最も適当なものを，次の1～4の中から一つ選べ。

1　漢字の読めない学生が，会話には漢字は不要だから問題ないと自分で納得する。

2　好きなアニメキャラクターと同じような格好をしてふるまい，現実逃避する。

3　教師に対する不満を，その教師ではなく母親にぶつけて解消しようとする。

4　日本語の苦手な学生が，代わりに英語で良い成績を取って見返そうとする。

問4　文章中の下線部Dの例として最も適当なものを，次の1～4の中から一つ選べ。

1　「よく眠れない」と言う学生がいたら，「精神科で睡眠薬をもらったら」と勧める。

2　はたから見て病的な行動をとる学生がいたら，その行動は異常だと自覚させる。

3　休みがちな学生がいたら，まずは基本的な生活リズムに関する質問をする。

4　表情や行動から精神疾患が疑われる学生がいたら，まずは国の両親に連絡する。

問5　文章中の下線部E「異文化間カウンセリング」に関して，留学生から相談を受ける際の留意点として最も適当なものを，次の1～4の中から一つ選べ。

1　相談者の体験の異文化的な背景を特別なものとして見ないようにする。

2　相談者の発言や行動を共感的に受け入れないように注意する。

3　非言語的な印象に惑わされず，言語化された事柄の理解に重点を置く。

4　自身の持つ価値観を認識し，その価値観にこだわらない態度で臨む。

問題10 次の文章を読み，下の問い（問１～５）に答えよ。

第二言語教育では，語や文だけでなく，コミュニケーション能力全体の習得を目指している。コミュニケーション能力に関しては，例えば，カナル＆スウェイン（M.Canale & M.Swain）は，文法能力，<u>談話能力</u>A，社会言語能力，ストラテジー（方略的）能力から成り立つとしている。このようにコミュニケーション能力は様々な要素から成り，その総合的な育成が重要となる。

会話の授業を行う際には，日本語の典型的な<u>談話標識</u>Bなどを身につけると会話の流れがよくなることを指導するとよい。また，スキーマや<u>スクリプトを考慮したモデル会話</u>Cなどを活用することも有効である。<u>モデル会話を使った会話活動</u>Dは，授業の目的に合わせて設計することが望ましい。なお，教師は学習者の発話に<u>語用論的転移</u>Eが現れる場合があることを理解しておく必要がある。

問１ 文章中の下線部Ａ「談話能力」が欠如している例として最も適当なものを，次の１～４の中から一つ選べ。

1　学生が「先生の論文，見ました。本当に先生はすごいですね」と言う。

2　学生が「先生，私がまとめたレポートの発表，聞きたいですか」と言う。

3　学生が「先生が貸してくださったこの論文，面白いでした」と言う。

4　学生が「先生，いい天気ですね。論文を貸していただけませんか」と言う。

問２ 文章中の下線部Ｂ「談話標識」の例として最も適当なものを，次の１～４の中から一つ選べ。

1　失敗を責められて謝るときに「本当にすみません」と言う。

2　依頼のやり取りを終えるときに「では，そういうことで」と言う。

3　職場を出るときに目上の人に対して「失礼いたします」と言う。

4　食事の誘いを断るときに誘ってくれた人に対して「残念です」と言う。

問3　文章中の下線部C「スクリプトを考慮したモデル会話」として最も適当なものを，次の１～４の中から一つ選べ。

1　円滑な人間関係を築き，促進していくための対人的配慮を考慮したもの

2　学習者が置かれている日本語環境で必要とされる言語表現を考慮したもの

3　自分の所属する集団のウチとソトで変わる表現の使い分けを考慮したもの

4　日常場面において起こる出来事の典型的な順序や流れを考慮したもの

問4　文章中の下線部D「モデル会話を使った会話活動」に関して，トップダウン的な会話活動の例として最も適当なものを，次の１～４の中から一つ選べ。

1　最初に，モデル会話に出てくる語や定型表現を教える。

2　最初に，モデル会話の中の重要な文型を導入し，練習する。

3　最初に，モデル会話の映像を提示して状況を把握させる。

4　最初に，モデル会話に出てくる語や表現の発音練習をする。

問5　文章中の下線部E「語用論的転移」の例として最も適当なものを，次の１～４の中から一つ選べ。

1　ナ形容詞の過去を表す規則をイ形容詞の活用にも適用する。

2　可能形が苦手なため「動詞＋ことができる」を使用する。

3　人に物を勧める際に，母語を直訳して「欲しいですか」と聞く。

4　尊敬語を習った直後に，相手に関係なく尊敬語を多用する。

問題11　次の文章を読み，下の問い（問１～５）に答えよ。

現在，日本では日本語を母語としない児童生徒が増えており，現場の実情に応じて，彼らに対する支援が行われている。児童生徒の言語に関わる能力Aは一人一人異なるため，一様の対応は難しい。児童生徒の支援に当たる者は，フィードバックBの方法を含めて一人一人に合わせた対応が必要である。また，児童生徒の不安を軽減するような適切な対応や指導Cが求められる。

年少者の場合には，第二言語の習得が進むにつれ，母語が失われていくことがあるD。精神的な安定やアイデンティティの確保のためには母語保持Eに関しても同時に考えることが重要である。

問１　文章中の下線部Ａ「言語に関わる能力」に関する記述として最も適当なものを，次の１～４の中から一つ選べ。

1　生活言語能力（BICS）も学習言語能力（CALP）も母語で培った認知能力が発達を妨げる。

2　生活言語能力（BICS）も学習言語能力（CALP）もコミュニケーションを介して発達する。

3　学習言語能力（CALP）は生活言語能力（BICS）より場面依存的である。

4　生活言語能力（BICS）は学習言語能力（CALP）より習得に時間がかかる。

問2　文章中の下線部Ｂ「フィードバック」の一つである「リキャスト」の例として最も適当なものを，次の１～４の中から一つ選べ。

1　教師：この料理の作り方を知りたいんですが，どうしたらいいですか。
　生徒：インターネットで見る，できます。
　教師：<u>インターネットで見る，できます</u>？

2　教師：この料理の作り方を知りたいんですが，どうしたらいいですか。
　生徒：インターネットで見る，できます。
　教師：<u>もう一度お願いします</u>。

3　教師：この料理の作り方を知りたいんですが，どうしたらいいですか。
　生徒：インターネットで見る，できます。
　教師：<u>インターネットで見…</u>？

4　教師：この料理の作り方を知りたいんですが，どうしたらいいですか。
　生徒：インターネットで見る，できます。
　教師：<u>インターネットで見られますか</u>。

問3　文章中の下線部Ｃ「児童生徒の不安を軽減するような適切な対応や指導」の際の留意点として最も適当なものを，次の１～４の中から一つ選べ。

1　日本語の文法などの正確さよりも意思を伝えられるようになることを優先する。
2　日本語で日常会話ができるようになるまで教科学習の支援は行わないようにする。
3　日本語の運用能力が向上するように，支援者は児童生徒の母語を使わないようにする。
4　日本の学校文化や規範に従い，日本人児童生徒と同じように日本語を使うよう指導する。

問４　文章中の下線部Ｄに関して，喪失されやすい順序として最も適当なものを，次の１～４の中から一つ選べ。

1　文法 → 語彙 → 音声

2　音声 → 語彙 → 文法

3　文法 → 音声 → 語彙

4　語彙 → 文法 → 音声

問５　文章中の下線部Ｅ「母語保持」に関する記述として最も適当なものを，次の１～４の中から一つ選べ。

1　母語を保持するためには，イマージョン教育を推し進めていく必要がある。

2　母語の保持を促すために，正規の教科授業からの取り出し授業を行う。

3　同時期に来日した児童でも，年長者より年少者のほうが母語の保持が難しい。

4　母語保持は技能によって差があり，読み書きに比べて口頭能力は保持が難しい。

このページには問題が印刷されていません。

問題12は次のページにあります。

問題12　次の文章を読み，下の問い（問１～５）に答えよ。

話し手は，聞き手にメッセージを理解してもらうために適切に伝えようとする。グライス（H.P.Grice）は協調の原理Aを提唱し，このような会話の基本的な原則を説明している。また，伝え方の中には，間接発話行為Bと呼ばれるものがある。

メッセージのやり取りの際には，聞き手への配慮が重要である。ブラウン＆レビンソン（P.Brown & S.Levinson）は，諸言語の分析に基づきポライトネス理論を提唱し，やり取りの場面の参加者は，望ましい人間関係を維持するため，フェイスを脅かす行為C（FTA: face-threatening act）を避けたり軽減したりするとしている。そして，その際使用されるストラテジーDを体系化している。

日本語では，場面や人間関係に配慮した待遇表現Eの運用が重視される傾向にあり，その適切な指導をする力が日本語教師には求められる。

問１　文章中の下線部Ａ「協調の原理」に関して，**「関係の公理」に違反している例**を，次の１～４の中から一つ選べ。

1　先生が好きかと聞かれて「好きなような嫌いなような」と答える。

2　初対面の人に住んでいる場所を聞かれて「地球」と答える。

3　今の時間を聞かれて「１時半の２時間半前です」と答える。

4　車の運転ができるか聞かれて「山登りが好きです」と答える。

問２　文章中の下線部Ｂ「間接発話行為」の例として最も適当なものを，次の１～４の中から一つ選べ。

１　Ｘ：６時に来られますか。
　　Ｙ：ええと，大丈夫です。

２　Ｘ：時計，持ってますか。
　　Ｙ：ええと，今10時ですよ。

３　Ｘ：この席，空いていますか。
　　Ｙ：はい，空いています。

４　Ｘ：この件は，考えていただけますか。
　　Ｙ：はい，分かりました。

問３　文章中の下線部Ｃ「フェイスを脅かす行為（FTA: face-threatening act）」に関する記述として最も適当なものを，次の１～４の中から一つ選べ。

１　FTAの度合いは，特定の行為の負荷の度合いと相手との社会的距離の二つの総和によって決まる。

２　伝達の効率性が最優先され，FTAの度合いが大きいと判断される場合，直接的な表現が選ばれる。

３　会話の参加者は，自分だけでなく相手のフェイスも保持しようとし，互いにFTAを避けようとする。

４　ある行為が相手にFTAとして認識されるかどうかは，言語圏や文化に関係なく共通している。

問4　文章中の下線部D「ストラテジー」に関して，「ポジティブ・ポライトネス・ストラテジー」の例として最も適当なものを，次の1～4の中から一つ選べ。

1　いつも気を遣っていただいて，本当に申し訳ありません。

2　デザートをお持ちしてよろしければ，声をおかけください。

3　チョコ好きでしょ，これ，おいしいから食べてみて。

4　手が空いてたら来てほしいんだけど，無理っぽいかな。

問5　文章中の下線部E「待遇表現」に関する記述として最も適当なものを，次の1～4の中から一つ選べ。

1　他者を高く位置づける表現だけでなく，他者を低く位置づけるぞんざいな表現も含まれる。

2　古典語では天皇が自分に対して敬語を用いる自敬表現は使われなかったが，現代語では使われる。

3　敬語は，聞き手に丁寧な気持ちや態度を表す素材敬語と，話題の人物への敬意を表す対者敬語に大別できる。

4　かつてはウチ・ソトの関係が優先されたが，現代は上下関係を重視して敬語が運用されている。

このページには問題が印刷されていません。

問題13は次のページにあります。

問題13　次の文章を読み，下の問い（問１～５）に答えよ。

日常会話は，会話の参加者によって共同で作り上げられている。発話レベルでは，複数の発話者によって作られる<u>共同発話</u>(A)が見られる。<u>繰り返し</u>(B)など，一見，冗長に見える発話も参加者によって会話を作り上げることにつながっている。しかし，発話の中には，<u>形式上は問題はなくても聞き手に違和感を与える</u>(C)ものも見られる。また，相手との関係や場面などにより話し方を調整する現象も認められ，これらは<u>アコモデーション理論</u>(D)によって説明されることもある。日本語教育ではこれらのことを考慮し，<u>会話の指導</u>(E)を行うことが大切である。

問１　文章中の下線部Ａ「共同発話」の例として次の［(ア)］に入れるのに最も適当なものを，下の１～４の中から一つ選べ。

X：毎日寒くて寒くて…。
Y：［(ア)］

1　そうですよ。
2　嫌ですよね。
3　寒いですか。
4　本当ですね。

問２　文章中の下線部Ｂ「繰り返し」に関する記述として最も適当なものを，次の１～４の中から一つ選べ。

1　発話間の結束性は示すが，発話内容の強調にはならない。
2　相づちの代わりにはなるが，会話の内容の確認にはならない。
3　少ない労力で発話量は増えるが，会話の継続には貢献しない。
4　相手に対する共感や一体感は示すが，新情報は提示しない。

問3　文章中の下線部C「形式上は問題はなくても聞き手に違和感を与える」例として最も適当なものを，次の１～４の中から一つ選べ。

1　大学の先輩に「あの人，OBの田中さんじゃないですか」と確認する。

2　会社の後輩に「それって，まずいんじゃない」と指摘する。

3　初対面の人に「私って，暑がりじゃないですか」と同意を求める。

4　友達に「飲み物なら，あそこで売ってるんじゃない」と伝える。

問4　文章中の下線部D「アコモデーション理論」のうち，ダイバージェンスの例として最も適当なものを，次の１～４の中から一つ選べ。

1　両親が幼い子どもに対して，その子どもに合わせて育児語で話しかける。

2　地方出身者が故郷への愛着を示すため，上京しても東京出身者に方言で話す。

3　上司が若い部下との雑談の時に，受け入れてもらおうとして若者言葉で話す。

4　米国からの帰国生が，英語の授業で目立たないように日本式の発音で英語を話す。

問5　文章中の下線部E「会話の指導」に関する記述として最も適当なものを，次の１～４の中から一つ選べ。

1　学習者は日本語母語話者よりも相づちを多くしがちなので，相づちをしすぎないよう注意させる。

2　学習者同士で独自に創作した会話は扱わず，教科書の会話例を忠実に再現できるよう指導する。

3　学習者の発音や文法を正確なものにするとともに，話す内容も日本人らしくするよう指導する。

4　学習者に，会話練習の後で自身の会話の成功や失敗を分析させ，必要な談話技能を意識させる。

問題14 次の文章を読み，下の問い（問１～５）に答えよ。

現代日本語では，人を指し示すための人称詞として自称詞（一人称），対称詞（二人称），他称詞（三人称）があり，人称代名詞や親族名称など，様々な形式が用いられる。人称詞の中には，指示詞からの転用によってできたもの（A）がある。転用の理由の一つとして，敬意が低減（逓減）した人称詞（B）に代わって，敬意のある新しい人称詞が必要になったという説がある。また，人称詞には述語の文法的性質や文の種類によって主語の人称が制限される（C）といった文法的な特徴がある。加えて，親族間の人称詞には，人間関係を反映した一般的な用法がある（D）。以上を踏まえて，人称詞の指導（E）を行うことが必要となってくる。

問１ 文章中の下線部Ａ「指示詞からの転用によってできたもの」の例として最も適当なものを，次の１～４の中から一つ選べ。

１　あなた

２　貴様

３　やつ

４　僕

問２ 文章中の下線部Ｂ「敬意が低減（逓減）した人称詞」に関する記述として最も適当なものを，次の１～４の中から一つ選べ。

１「お前」は，かつては尊称の対称詞だったが，現在では相手を罵るときの対称詞としても用いられるようになった。

２「てまえ」は，かつては宮中の女房達の自称詞だったが，現在では対等または目下の相手への対称詞として用いられるようになった。

３「わたくし」は，かつては自分を尊大に表現する自称詞だったが，現在ではへりくだって話す自称詞としても用いられるようになった。

４「俺様」は，かつては目上の相手への対称詞だったが，現在ではへりくだって話す自称詞として用いられるようになった。

問3　文章中の下線部Ｃに関して，主語が一人称のみに制限される例として最も適当なものを，次の１～４の中から一つ選べ。

1　怒りのあまり，彼を殴っただろう。

2　寝不足で，きっと頭が痛いはずだ。

3　昨日食べたすき焼き，また食べたい。

4　来年，東京の大学を受験するらしい。

問4　文章中の下線部Ｄに関する記述として最も適当なものを，次の１～４の中から一つ選べ。

1　年上の親族に対する自称詞として親族名称を使う。

2　年上の親族に対する対称詞として人称代名詞を使う。

3　年下の親族に対する自称詞として名前を使う。

4　年下の親族に対する対称詞として人称代名詞を使う。

問5　文章中の下線部Ｅ「人称詞の指導」の際の留意点として**不適当なもの**を，次の１～４の中から一つ選べ。

1　「あなた」を使わずに相手の名前に「さん」を付けて呼ぶよう指導する。

2　男性の「私」の多用は不自然な場合があるため，使わないよう指導する。

3　「自分」と自称詞「私」との意味・用法の違いに注意するよう指導する。

4　待遇上の観点から，目上の人を「彼」「彼女」で言及しないよう指導する。

問題15　次の文章を読み，下の問い（問１～５）に答えよ。

不特定多数の学習者を対象にしたテストは大規模テストと呼ばれる。日本語能力を測る大規模テストの中で最も受験者数が多いのが「日本語能力試験」(A)である。その他，日本語によるビジネス・コミュニケーション能力の測定を目的とした「BJTビジネス日本語能力テスト」(B)や，2002年に「私費外国人留学生統一試験」に替わって創設された「日本留学試験」がよく知られる。「日本留学試験」の日本語科目(C)は，大学等で求められる日本語力の測定を目的とする。これらの試験では，主観テスト(D)に分類される口頭能力の測定は行われていない。

このように様々なテストが実施されているため，教師には各テストの目的を理解し，学習者に情報提供できる(E)力が求められる。

問１　文章中の下線部Ａ「日本語能力試験」に関する記述として最も適当なものを，次の１～４の中から一つ選べ。

1　日本国内の受験者数は，各レベルにほぼ均等に分布している。
2　海外の受験者数のほうが，日本国内の受験者数よりも多い。
3　レベルは「ヨーロッパ言語共通参照枠（CEFR）」に対応している。
4　受験者の上位20～25％が合格する相対評価が採用されている。

問２　文章中の下線部Ｂ「BJTビジネス日本語能力テスト」に関する記述として最も適当なものを，次の１～４の中から一つ選べ。

1　CBT（Computer Based Testing）方式で自宅で受験できる。
2　試験の結果がスコアとレベル判定で示される。
3　多肢選択式の他，記述式問題も含まれる。
4　出題基準が公式ウェブサイトに公開されている。

問3　文章中の下線部C「『日本留学試験』の日本語科目」で問われる能力として**シラバスに挙げられていないもの**を，次の1～4の中から一つ選べ。

1　問題解決能力：問題の解決に必要な情報を収集・分析・整理し，解決できるか

2　直接的理解能力：言語として明確に表現されていることを，そのまま理解できるか

3　情報活用能力：理解した情報を活用して論理的に妥当な解釈を導けるか

4　関係理解能力：文章や談話で表現されている情報の関係を理解できるか

問4　文章中の下線部D「主観テスト」の特徴として最も適当なものを，次の1～4の中から一つ選べ。

1　解答から問題の良否を統計的に判断できる。

2　広い範囲から多数の問題を出題できる。

3　結果の信頼性を確保することが困難である。

4　採点基準を一定に保つことが容易である。

問5　文章中の下線部Eに関して，学習者のニーズとそれに対応するテストの組み合わせとして最も適当なものを，次の1～4の中から一つ選べ。

	学習者のニーズ	ニーズに対応するテスト
1	作文能力のレベルを知りたい。	OPI
2	高度人材としてのポイントを加算したい。	BJTビジネス日本語能力テスト
3	会話能力を就職先に証明したい。	JSL対話型アセスメント（DLA）
4	ウェブ上で試験を受けたい。	日本留学試験

問題16　次の文章を読み，下の問い（問１～５）に答えよ。

日本における「国語教育」と「日本語教育」は共に「日本語」を対象としているため，混同して扱われることがある。しかし，<u>「国語教育」と「日本語教育」は異なる</u>A ものとして捉える必要がある。また，「国語」と「日本語」も異なるものとして捉えられる。歴史的に見れば，<u>「国語」は近代になって成立した</u>B ものである。<u>「標準語」</u>C や<u>言文一致体の成立</u>D も同時期のことである。

一方，「日本語」については，戦後，「国語」と「日本語」という用語の使い分けが定着したと言われている。以来，<u>官民において様々な機関が設立され，「日本語教育」に関する事業が行われている</u>E。

問１　文章中の下線部Ａに関する記述として最も適当なものを，次の１～４の中から一つ選べ。

1　「国語教育」の歴史は16世紀まで遡ることができるのに対して，「日本語教育」の歴史は20世紀以降である。

2　「国語教育」は日本人の子どもに対する教育であるのに対して，「日本語教育」は外国人の成人に対する教育である。

3　「国語教育」は学校の教科としての言葉の教育であるのに対して，「日本語教育」は広義の外国語としての言葉の教育である。

4　「国語教育」では国定教科書が用いられるのに対して，「日本語教育」では検定教科書が用いられる。

問２　文章中の下線部Ｂに関する記述として最も適当なものを，次の１～４の中から一つ選べ。

1　国民統合の象徴としての役割を担った。

2　お国言葉を再評価する運動へ拡大した。

3　古典に基づく日本固有の思想の研究を発展させた。

4　学習を容易にするために語彙や文法が簡略化された。

問3　文章中の下線部Ｃ「標準語」に関する記述として**不適当なもの**を，次の１～４の中から一つ選べ。

1　標準語の普及に向けてラジオの放送用語が整備された。

2　標準語の普及には国による国語教科書の刊行が影響した。

3　標準語という用語は20世紀初頭に一般に普及した。

4　標準語は共通語と対立する概念として普及した。

問4　文章中の下線部Ｄ「言文一致体の成立」に関する記述として最も適当なものを，次の１～４の中から一つ選べ。

1　南部義籌(よしかず)は建白を行い，口語をできる限り文語に近づけるようにした。

2　二葉亭四迷や山田美妙は小説を書く中で，口語文を使うことを試みた。

3　近代に生じた口語と文語の隔たりを，学制の公布により解消しようとした。

4　大日本帝国憲法の公布以降は，公用文も口語文で記されるようになった。

問5　文章中の下線部Ｅに関する記述として最も適当なものを，次の１～４の中から一つ選べ。

1　国際研修協力機構では，開発途上国へ青年海外協力隊を派遣し，日本語教育支援を行っている。

2　定住促進センターでは，中国帰国者に対する日本語の学習支援や生活支援を行っている。

3　国立国語研究所では，日本語教育専門家を派遣するなど海外との学術交流を行っている。

4　国際交流基金では，教材の開発や教師の研修など，日本語の学習環境向上の支援を行っている。

問題17 あなたが勤める日本語教育機関で，同僚と，聴解の授業について話し合う機会がありました。その際，「音の識別や単語の認知ができているのに，談話の大意がつかめない学生が多い。一語一句聞き逃すまいとして全体像が理解できなくなっているようだが，このような学生たちにどう指導すればよいか」という点について議論がありました。

談話の全体像を把握するためには，あなたはどのようなスキルが必要だと思いますか。また，そのスキルを高めるために，どのような教室活動をすると効果があると思いますか。

必要とされるスキルと，その養成に必要な具体的な活動内容を示すとともに，その活動がなぜ「必要とされるスキル」の養成につながるのかについて，400字程度で記述してください。なお，学習者のレベルは任意に設定して構いません。

このページには問題が印刷されていません。

このページには問題が印刷されていません。

このページには問題が印刷されていません。

2019年度日本語教育能力検定試験

試験Ｉ解答用紙第１面

氏名	

氏名を記入してください。

受験番号を下の「数字」欄に記入し，その下の「マーク」欄にも必ずマークしてください。

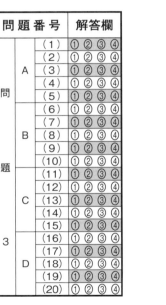

受験番号					
数字					
	万位	千位	百位	十位	一位
マーク		⓪	⓪	⓪	⓪
	①	①	①	①	①
	②	②	②	②	②
	③	③	③	③	③
	④	④	④	④	④
	⑤	⑤	⑤	⑤	⑤
	⑥	⑥	⑥	⑥	⑥
	⑦	⑦	⑦	⑦	⑦
		⑧	⑧	⑧	⑧
		⑨	⑨	⑨	⑨

マーク例

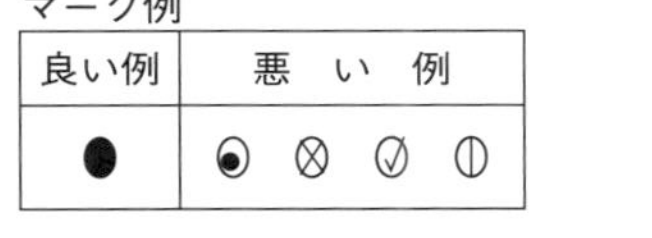

良い例	悪い例
●	⊙ ⊗ ✓ ⦶

［注意事項］

1. 氏名，受験番号を記入してください。受験番号は「数字」欄に記入し，その下の「マーク」欄にも必ずマークしてください。
2. 必ず鉛筆またはシャープペンシル（ＨＢ）でマークしてください。
3. 訂正する場合はプラスチック消しゴムできれいに消し，消しくずを残さないでください。
4. 所定欄以外にはマークしたり記入したりしないでください。
5. 汚したり折り曲げたりしないでください。
6. 以上の１～５が守られていないと，採点できないことがあります。

問題番号		解答欄
問題1	(1)	①②③④⑤
	(2)	①②③④⑤
	(3)	①②③④⑤
	(4)	①②③④⑤
	(5)	①②③④⑤
	(6)	①②③④⑤
	(7)	①②③④⑤
	(8)	①②③④⑤
	(9)	①②③④⑤
	(10)	①②③④⑤
	(11)	①②③④⑤
	(12)	①②③④⑤
	(13)	①②③④⑤
	(14)	①②③④⑤
	(15)	①②③④⑤
問題2	(1)	①②③④
	(2)	①②③④
	(3)	①②③④
	(4)	①②③④
	(5)	①②③④

問題番号			解答欄
問題3	A	(1)	①②③④
		(2)	①②③④
		(3)	①②③④
		(4)	①②③④
		(5)	①②③④
	B	(6)	①②③④
		(7)	①②③④
		(8)	①②③④
		(9)	①②③④
		(10)	①②③④
	C	(11)	①②③④
		(12)	①②③④
		(13)	①②③④
		(14)	①②③④
		(15)	①②③④
	D	(16)	①②③④
		(17)	①②③④
		(18)	①②③④
		(19)	①②③④
		(20)	①②③④

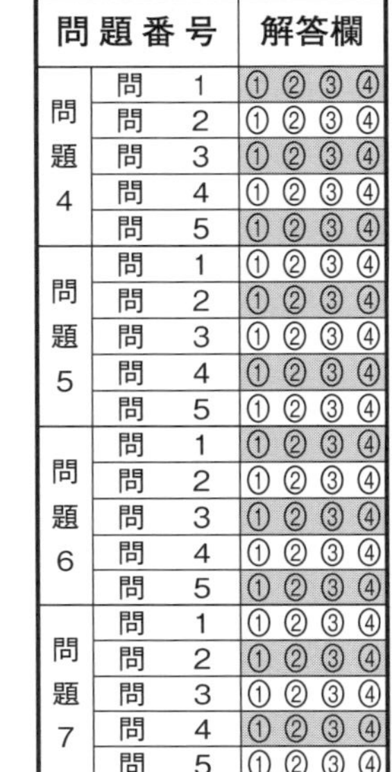

問題番号		解答欄
問題4	問 1	①②③④
	問 2	①②③④
	問 3	①②③④
	問 4	①②③④
	問 5	①②③④
問題5	問 1	①②③④
	問 2	①②③④
	問 3	①②③④
	問 4	①②③④
	問 5	①②③④
問題6	問 1	①②③④
	問 2	①②③④
	問 3	①②③④
	問 4	①②③④
	問 5	①②③④
問題7	問 1	①②③④
	問 2	①②③④
	問 3	①②③④
	問 4	①②③④
	問 5	①②③④

（裏面へつづく）

試験Ⅰ解答用紙第2面

問題番号		解答欄
問題8	問 1	① ② ③ ④
	問 2	① ② ③ ④
	問 3	① ② ③ ④
	問 4	① ② ③ ④
	問 5	① ② ③ ④
問題9	問 1	① ② ③ ④
	問 2	① ② ③ ④
	問 3	① ② ③ ④
	問 4	① ② ③ ④
	問 5	① ② ③ ④
問題10	問 1	① ② ③ ④
	問 2	① ② ③ ④
	問 3	① ② ③ ④
	問 4	① ② ③ ④
	問 5	① ② ③ ④
問題11	問 1	① ② ③ ④
	問 2	① ② ③ ④
	問 3	① ② ③ ④
	問 4	① ② ③ ④
	問 5	① ② ③ ④

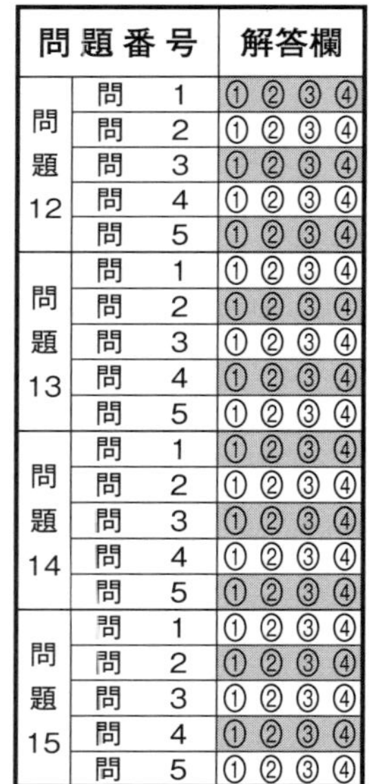

問題番号		解答欄
問題12	問 1	① ② ③ ④
	問 2	① ② ③ ④
	問 3	① ② ③ ④
	問 4	① ② ③ ④
	問 5	① ② ③ ④
問題13	問 1	① ② ③ ④
	問 2	① ② ③ ④
	問 3	① ② ③ ④
	問 4	① ② ③ ④
	問 5	① ② ③ ④
問題14	問 1	① ② ③ ④
	問 2	① ② ③ ④
	問 3	① ② ③ ④
	問 4	① ② ③ ④
	問 5	① ② ③ ④
問題15	問 1	① ② ③ ④
	問 2	① ② ③ ④
	問 3	① ② ③ ④
	問 4	① ② ③ ④
	問 5	① ② ③ ④

2019年度日本語教育能力検定試験

試験 Ⅱ 解答用紙

氏名	

氏名を記入してください。

受験番号を下の「数字」欄に記入し，その下の「マーク」欄にも必ずマークしてください。

受験番号					
数字					
	万位	千位	百位	十位	一位
マーク		⓪	⓪	⓪	⓪
	①	①	①	①	①
	②	②	②	②	②
	③	③	③	③	③
	④	④	④	④	④
	⑤	⑤	⑤	⑤	⑤
	⑥	⑥	⑥	⑥	⑥
	⑦	⑦	⑦	⑦	⑦
		⑧	⑧	⑧	⑧
		⑨	⑨	⑨	⑨

マーク例

良い例	悪い例
●	⊙ ⊗ ⊘ ⦶

[注意事項]

1. 氏名，受験番号を記入してください。受験番号は「数字」欄に記入し，その下の「マーク」欄にも必ずマークしてください。
2. 必ず鉛筆またはシャープペンシル（ＨＢ）でマークしてください。
3. 訂正する場合はプラスチック消しゴムできれいに消し，消しくずを残さないでください。
4. 所定欄以外にはマークしたり記入したりしないでください。
5. 汚したり折り曲げたりしないでください。
6. 以上の１～５が守られていないと，採点できないことがあります。

問題番号		解答欄
問題1	例	ⓐ ● ⓒ ⓓ
	1番	ⓐ ⓑ ⓒ ⓓ
	2番	ⓐ ⓑ ⓒ ⓓ
	3番	ⓐ ⓑ ⓒ ⓓ
	4番	ⓐ ⓑ ⓒ ⓓ
	5番	ⓐ ⓑ ⓒ ⓓ
	6番	ⓐ ⓑ ⓒ ⓓ
問題2	例	● ⓑ ⓒ ⓓ
	1番	ⓐ ⓑ ⓒ ⓓ
	2番	ⓐ ⓑ ⓒ ⓓ
	3番	ⓐ ⓑ ⓒ ⓓ
	4番	ⓐ ⓑ ⓒ ⓓ
	5番	ⓐ ⓑ ⓒ ⓓ
	6番	ⓐ ⓑ ⓒ ⓓ

問題番号		解答欄
問題3	例	● ⓑ ⓒ ⓓ
	1番	ⓐ ⓑ ⓒ ⓓ
	2番	ⓐ ⓑ ⓒ ⓓ
	3番	ⓐ ⓑ ⓒ ⓓ
	4番	ⓐ ⓑ ⓒ ⓓ
	5番	ⓐ ⓑ ⓒ ⓓ
	6番	ⓐ ⓑ ⓒ ⓓ
	7番	ⓐ ⓑ ⓒ ⓓ
	8番	ⓐ ⓑ ⓒ ⓓ

問題番号			解答欄
問題4	1番	問1	ⓐ ⓑ ⓒ ⓓ
		問2	ⓐ ⓑ ⓒ ⓓ
	2番	問1	ⓐ ⓑ ⓒ ⓓ
		問2	ⓐ ⓑ ⓒ ⓓ
	3番	問1	ⓐ ⓑ ⓒ ⓓ
		問2	ⓐ ⓑ ⓒ ⓓ
問題5	1番	問1	ⓐ ⓑ ⓒ ⓓ
		問2	ⓐ ⓑ ⓒ ⓓ
	2番	問1	ⓐ ⓑ ⓒ ⓓ
		問2	ⓐ ⓑ ⓒ ⓓ
	3番	問1	ⓐ ⓑ ⓒ ⓓ
		問2	ⓐ ⓑ ⓒ ⓓ
問題6	例		ⓐ ● ⓒ ⓓ
	1番		ⓐ ⓑ ⓒ ⓓ
	2番		ⓐ ⓑ ⓒ ⓓ
	3番		ⓐ ⓑ ⓒ ⓓ
	4番		ⓐ ⓑ ⓒ ⓓ
	5番		ⓐ ⓑ ⓒ ⓓ
	6番		ⓐ ⓑ ⓒ ⓓ
	7番		ⓐ ⓑ ⓒ ⓓ
	8番		ⓐ ⓑ ⓒ ⓓ

2019年度日本語教育能力検定試験

試験 Ⅲ 解答用紙

氏名	

氏名を記入してください。

受験番号を下の「数字」欄に記入し，その下の「マーク」欄にも必ずマークしてください。

受験番号					
数字					
	万位	千位	百位	十位	一位
マーク		⓪	⓪	⓪	⓪
	①	①	①	①	①
	②	②	②	②	②
	③	③	③	③	③
	④	④	④	④	④
	⑤	⑤	⑤	⑤	⑤
	⑥	⑥	⑥	⑥	⑥
	⑦	⑦	⑦	⑦	⑦
		⑧	⑧	⑧	⑧
		⑨	⑨	⑨	⑨

マーク例

良い例	悪い例
●	⊙ ⊗ ⊘ ⦶

[注意事項]

1. 氏名，受験番号を記入(記述解答用紙にも)してください。受験番号は「数字」欄に記入し，その下の「マーク」欄にも必ずマークしてください。
2. 必ず鉛筆またはシャープペンシル（ＨＢ）でマークしてください。
3. 訂正する場合はプラスチック消しゴムできれいに消し，消しくずを残さないでください。
4. 所定欄以外にはマークしたり記入したりしないでください。
5. 汚したり折り曲げたりしないでください。
6. 以上の１～５が守られていないと，採点できないことがあります。

問題番号		解答欄
問題1	問 1	① ② ③ ④
	問 2	① ② ③ ④
	問 3	① ② ③ ④
	問 4	① ② ③ ④
	問 5	① ② ③ ④
問題2	問 1	① ② ③ ④
	問 2	① ② ③ ④
	問 3	① ② ③ ④
	問 4	① ② ③ ④
	問 5	① ② ③ ④
問題3	問 1	① ② ③ ④
	問 2	① ② ③ ④
	問 3	① ② ③ ④
	問 4	① ② ③ ④
	問 5	① ② ③ ④
問題4	問 1	① ② ③ ④
	問 2	① ② ③ ④
	問 3	① ② ③ ④
	問 4	① ② ③ ④
	問 5	① ② ③ ④
問題5	問 1	① ② ③ ④
	問 2	① ② ③ ④
	問 3	① ② ③ ④
	問 4	① ② ③ ④
	問 5	① ② ③ ④

問題番号		解答欄
問題6	問 1	① ② ③ ④
	問 2	① ② ③ ④
	問 3	① ② ③ ④
	問 4	① ② ③ ④
	問 5	① ② ③ ④
問題7	問 1	① ② ③ ④
	問 2	① ② ③ ④
	問 3	① ② ③ ④
	問 4	① ② ③ ④
	問 5	① ② ③ ④
問題8	問 1	① ② ③ ④
	問 2	① ② ③ ④
	問 3	① ② ③ ④
	問 4	① ② ③ ④
	問 5	① ② ③ ④
問題9	問 1	① ② ③ ④
	問 2	① ② ③ ④
	問 3	① ② ③ ④
	問 4	① ② ③ ④
	問 5	① ② ③ ④
問題10	問 1	① ② ③ ④
	問 2	① ② ③ ④
	問 3	① ② ③ ④
	問 4	① ② ③ ④
	問 5	① ② ③ ④

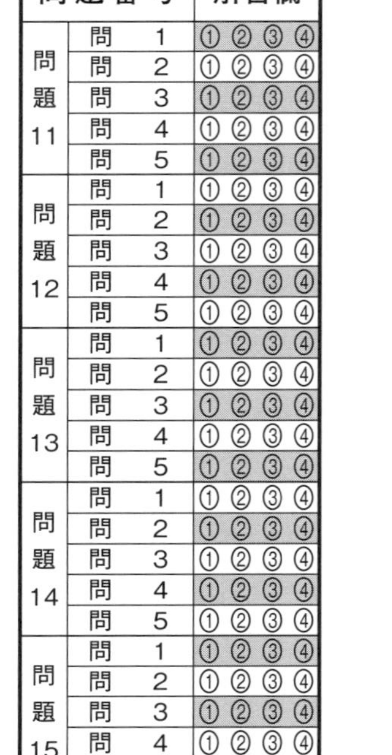

問題番号		解答欄
問題11	問 1	① ② ③ ④
	問 2	① ② ③ ④
	問 3	① ② ③ ④
	問 4	① ② ③ ④
	問 5	① ② ③ ④
問題12	問 1	① ② ③ ④
	問 2	① ② ③ ④
	問 3	① ② ③ ④
	問 4	① ② ③ ④
	問 5	① ② ③ ④
問題13	問 1	① ② ③ ④
	問 2	① ② ③ ④
	問 3	① ② ③ ④
	問 4	① ② ③ ④
	問 5	① ② ③ ④
問題14	問 1	① ② ③ ④
	問 2	① ② ③ ④
	問 3	① ② ③ ④
	問 4	① ② ③ ④
	問 5	① ② ③ ④
問題15	問 1	① ② ③ ④
	問 2	① ② ③ ④
	問 3	① ② ③ ④
	問 4	① ② ③ ④
	問 5	① ② ③ ④

問題番号		解答欄
問題16	問 1	① ② ③ ④
	問 2	① ② ③ ④
	問 3	① ② ③ ④
	問 4	① ② ③ ④
	問 5	① ② ③ ④
問題17	記述解答用紙に記入してください。	

2019年度日本語教育能力検定試験

試験Ⅲ　問題17　記述解答用紙

氏名	
受験番号	

(100)

(200)

(300)

(400)

(420)

参　考　資　料

2019年度日本語教育能力検定試験 実施要項

1．目　的

日本語教員となるために学習している者，日本語教員として教育に携わっている者を対象として，日本語教育の実践につながる体系的な知識が基礎的な水準に達しているかどうか，状況に応じてそれらの知識を関連づけ多様な現場に対応する能力が基礎的な水準に達しているかどうかを検定することを目的とする。

2．実施者

公益財団法人 日本国際教育支援協会が実施する。

3．後　援

文化庁／公益社団法人日本語教育学会

大学共同利用機関法人人間文化研究機構国立国語研究所／独立行政法人国際交流基金

一般財団法人日本語教育振興協会／公益社団法人国際日本語普及協会

4．試験の方法，内容等

(1) 受験資格

特に制限しない。

(2) 試験の水準と内容

試験の水準：日本語教育に携わるにあたり必要とされる基礎的な知識・能力。

試験の内容：出題範囲は，別記のとおりとする。

(3) 試験の構成

科目	解答時間	配点	測定内容
試験Ⅰ	90分	100点	原則として，出題範囲の区分ごとの設問により，日本語教育の実践につながる基礎的な知識を測定する。
試験Ⅱ	30分	40点	試験Ⅰで求められる「基礎的な知識」および試験Ⅲで求められる「基礎的な問題解決能力」について，音声を媒体とした出題形式で測定する。
試験Ⅲ	120分	100点	原則として出題範囲の区分横断的な設問により，熟練した日本語教員の有する現場対応能力につながる基礎的な問題解決能力を測定する。

(4) 試験日：2019年10月27日（日）

(5) 試験地：札幌，仙台，東京，名古屋，大阪，広島，福岡

5．出願の手続き等

(1) 受験案内（出願書類付き）

出願手続き等の細目については，「2019年度日本語教育能力検定試験　受験案内」による。

受験案内は願書受付期間中，全国の主要書店にて販売。

(2) 出願手続き

① 願　　書：所定のもの

② 受 験 料：10,800円（税込）

③ 受付期間：2019年6月24日（月）から8月13日（火）まで（当日消印有効）

④ 出　　願：公益財団法人 日本国際教育支援協会に提出

6．受験票の送付

願書を受理したものについて，2019年9月27日（金）に発送。

7．結果の通知等

合否の結果は，2019年12月20日（金）に受験者全員に文書をもって通知するとともに，合格者には合格証書を交付する。

出 題 範 囲

別記

次の通りとする。主要項目のうち，**「基礎項目」（太字）**は優先的に出題される。ただし，全範囲にわたって出題されるとは限らない。

区　　分	主要項目（**太字は「基礎項目」**）
1　社会・文化・地域	1．世界と日本 (1)　諸外国・地域と日本 **(2)　日本の社会と文化** 2．異文化接触 **(1)　異文化適応・調整** (2)　人口の移動（移民・難民政策を含む。） (3)　児童生徒の文化間移動 3．日本語教育の歴史と現状 **(1)　日本語教育史** (2)　日本語教育と国語教育 **(3)　言語政策** (4)　日本語の教育哲学 **(5)　日本語及び日本語教育に関する試験** (6)　日本語教育事情：世界の各地域，日本の各地域 4．日本語教員の資質・能力
2　言語と社会	1．言語と社会の関係 **(1)　社会文化能力** (2)　言語接触・言語管理 **(3)　言語政策** (4)　各国の教育制度・教育事情 **(5)　社会言語学・言語社会学** 2．言語使用と社会 (1)　言語変種 **(2)　待遇・敬意表現** **(3)　言語・非言語行動** (4)　コミュニケーション学 3．異文化コミュニケーションと社会 (1)　言語・文化相対主義 (2)　二言語併用主義（バイリンガリズム（政策）） **(3)　多文化・多言語主義** (4)　アイデンティティ（自己確認，帰属意識）

区　　分	主要項目（**太字は「基礎項目」**）
3　言語と心理	1．言語理解の過程 (1)　予測・推測能力 **(2)　談話理解** (3)　記憶・視点 (4)　心理言語学・認知言語学 2．言語習得・発達 **(1)　習得過程（第一言語・第二言語）** **(2)　中間言語** (3)　二言語併用主義（バイリンガリズム） **(4)　ストラテジー（学習方略）** (5)　学習者タイプ 3．異文化理解と心理 (1)　社会的技能・技術（スキル） **(2)　異文化受容・適応** (3)　日本語教育・学習の情意的側面 (4)　日本語教育と障害者教育
4　言語と教育	1．言語教育法・実技（実習） **(1)　実践的知識・能力** **(2)　コースデザイン(教育課程編成)，カリキュラム編成** **(3)　教授法** **(4)　評価法** **(5)　教育実技（実習）** **(6)　自己点検・授業分析能力** **(7)　誤用分析** **(8)　教材分析・開発** **(9)　教室・言語環境の設定** **(10)　目的・対象別日本語教育法** 2．異文化間教育・コミュニケーション教育 **(1)　異文化間教育・多文化教育** (2)　国際・比較教育 (3)　国際理解教育 **(4)　コミュニケーション教育** (5)　異文化受容訓練 **(6)　言語間対照** (7)　学習者の権利

区　　分	主要項目（**太字は「基礎項目」**）
	3．言語教育と情報 (1)　データ処理 **(2)　メディア／情報技術活用能力（リテラシー）** (3)　学習支援・促進者（ファシリテータ）の養成 **(4)　教材開発・選択** (5)　知的所有権問題 (6)　教育工学
5　言語一般	1．言語の構造一般 (1)　言語の類型 **(2)　世界の諸言語** **(3)　一般言語学・日本語学・対照言語学** (4)　理論言語学・応用言語学 2．日本語の構造 **(1)　日本語の構造** **(2)　音声・音韻体系** **(3)　形態・語彙体系** **(4)　文法体系** **(5)　意味体系** **(6)　語用論的規範** **(7)　文字と表記** (8)　日本語史 3．コミュニケーション能力 **(1)　受容・理解能力** **(2)　言語運用能力** **(3)　社会文化能力** **(4)　対人関係能力** **(5)　異文化調整能力**

各区分における測定内容

区分	求められる知識・能力
社会・文化・地域	日本や日本の地域社会が関係する国際社会の実情や，国際化に対する日本の国や地方自治体の政策，地域社会の人びとの意識等を考えるために，次のような視点と基礎的な知識を有し，それらと日本語教育の実践とを関連づける能力を有していること。 ・国際関係論・文化論・比較文化論的な視点とそれらに関する基礎的知識 ・政治的・経済的・社会的・地政学的な視点とそれらに関する基礎的知識 ・宗教的・民族的・歴史的な視点とそれらに関する基礎的知識
言語と社会	言語教育・言語習得および言語使用と社会との関係を考えるために，次のような視点と基礎的な知識を有し，それらと日本語教育の実践とを関連づける能力を有していること。 ・言語教育・言語習得について，広く国際社会の動向からみた国や地域間の関係から考える視点とそれらに関する基礎的知識 ・言語教育・言語習得について，それぞれの社会の政治的・経済的・文化的構造等との関係から考える視点とそれらに関する基礎的知識 ・個々人の言語使用を具体的な社会文化状況の中で考える視点とそれらに関する基礎的知識
言語と心理	言語の学習や教育の場面で起こる現象や問題の理解・解決のために，次のような視点と基礎的な知識を有し，それらと日本語教育の実践とを関連づける能力を有していること。 ・学習の過程やスタイルあるいは個人，集団，社会等，多様な視点から捉えた言語の習得と発達に関する基礎的知識 ・言語教育に必要な学習理論，言語理解，認知過程に関する心理学の基礎的知識 ・異文化理解，異文化接触，異文化コミュニケーションに関する基礎的知識
言語と教育	学習活動を支援するために，次のような視点と基礎的な知識を有し，それらと日本語教育の実践とを関連づける能力を有していること。 ・個々の学習者の特質に対するミクロな視点と，個々の学習を社会の中に位置付けるマクロな視点 ・学習活動を客観的に分析し，全体および問題の所在を把握するための基礎的知識 ・学習者のかかえる問題を解決するための教授・評価等に関する基礎的知識
言語一般	教育・学習の対象となる日本語および言語一般について次のような知識・能力を有し，それらと日本語教育の実践とを関連づける能力を有していること。 ・現代日本語の音声・音韻，語彙，文法，意味，運用等に関する基礎的知識とそれらを客観的に分析する能力 ・一般言語学，対照言語学など言語の構造に関する基礎的知識 ・指導を滞りなく進めるため，話し言葉・書き言葉両面において円滑なコミュニケーションを行うための知識・能力

令和元年度日本語教育能力検定試験 実施状況

令和元年度日本語教育能力検定試験の（1）実施日，（2）応募者数・受験者数，（3）合格者数，（4）実施会場は以下のとおり。

(1) 実施日

令和元年 10 月 27 日（日）

(2) 応募者数・受験者数

実施地区	応募者数（人）	受験者数（人）
北海道	289	228
東北	279	223
関東	6,138	4,862
中部	1,107	935
近畿	2,486	2,022
中国	454	374
九州	946	782
合計	11,699	9,426

注 「受験者数（人）」は科目受験者を含む。

(3) 合格者数

2,659 人

(4) 実施会場

北海道地区：札幌科学技術専門学校
東　北地区：仙台医療福祉専門学校
関　東地区：東京大学　駒場Ｉキャンパス，明治大学　和泉キャンパス，
　　　　　　昭和女子大学，武蔵野大学　武蔵野キャンパス
中　部地区：名城大学　八事キャンパス，
　　　　　　TKP 名古屋栄カンファレンスセンター
近　畿地区：大阪大学　豊中キャンパス，大阪産業大学　中央キャンパス
中　国地区：広島女学院大学，県立広島大学　広島キャンパス
九　州地区：九州産業大学

令和元年度日本語教育能力検定試験 平均点等一覧

試験Ⅰ及び試験Ⅱ（聴解）については，全問マークシート方式（以下「マーク式」という。）で，試験Ⅲについては，マーク式と一部記述式で実施した。

マーク式平均点等一覧

試験区分	受験者数	平均点	標準偏差	最高点	最低点
マーク式総合 (220点)	9,380	137.0 (62.3%)	24.1 (11.0%)	202	0
試験Ⅰ (100点)	9,424	62.4 (62.4%)	12.2 (12.2%)	93	0
試験Ⅱ (40点)	9,393	23.7 (59.2%)	5.5 (13.8%)	39	0
試験Ⅲマーク式 (80点)	9,382	50.9 (63.6%)	8.6 (10.8%)	76	0

記述式を含む平均点等一覧

試験区分	受験者数	平均点	標準偏差	最高点	最低点
総合 (240点)	5,647	163.3 (68.0%)	14.8 (6.2%)	217	134
試験Ⅲ (100点)	5,647	66.2 (66.2%)	7.4 (7.4%)	93	45
試験Ⅲ記述式 (20点)	5,647	10.3 (51.6%)	3.5 (17.7%)	19	0

注　1　マーク式総合の受験者数は，全科目受験者の数。
　　2　記述式を含む平均点等一覧は，マーク式による問題の総得点が上位である60%の人数の者についてのものである。
　　3　平均点と標準偏差の（　）内の数字は配点に対する百分率。

日本語教育能力検定試験 応募者数等の推移

実施回数	実施年度	応募者数（人）	受験者数（人）	合格者数（人）	実施地区
第1回	昭和62年度	5,837	4,758	935	1
第2回	昭和63年度	5,794	4,597	827	2
第3回	平成元年度	6,783	5,405	999	2
第4回	平成2年度	6,367	5,143	908	3
第5回	平成3年度	7,815	6,224	1,153	3
第6回	平成4年度	8,723	6,846	1,272	3
第7回	平成5年度	8,673	6,792	1,224	3
第8回	平成6年度	8,282	6,153	1,125	3
第9回	平成7年度	7,614	5,911	1,107	3
第10回	平成8年度	7,755	5,986	1,088	4
第11回	平成9年度	7,624	5,824	1,077	4
第12回	平成10年度	6,906	5,272	1,008	4
第13回	平成11年度	7,526	5,729	1,091	4
第14回	平成12年度	7,809	5,858	1,077	4
第15回	平成13年度	7,319	5,549	1,008	4
第16回	平成14年度	7,989	6,154	1,171	4
第17回	平成15年度	8,103	6,426	1,235	4
第18回	平成16年度	8,401	6,715	1,220	5
第19回	平成17年度	7,231	5,958	1,155	5
第20回	平成18年度	6,374	5,317	1,126	6
第21回	平成19年度	5,837	4,793	981	6
第22回	平成20年度	5,773	4,767	1,020	6
第23回	平成21年度	6,277	5,203	1,215	6
第24回	平成22年度	6,823	5,616	1,197	7
第25回	平成23年度	7,034	5,769	1,527	7
第26回	平成24年度	5,877	4,829	1,109	7
第27回	平成25年度	5,439	4,402	1,001	7
第28回	平成26年度	5,436	4,389	1,027	7
第29回	平成27年度	5,920	4,754	1,086	7
第30回	平成28年度	6,167	4,934	1,231	7
第31回	平成29年度	7,331	5,767	1,463	7
第32回	平成30年度	8,586	6,841	1,937	7
第33回	令和元年度	11,699	9,426	2,659	7

注　「受験者数（人）」は科目受験者を含む。

令和２年度日本語教育能力検定試験 実施要項

１．目　的

日本語教員となるために学習している者，日本語教員として教育に携わっている者を対象として，日本語教育の実践につながる体系的な知識が基礎的な水準に達しているかどうか，状況に応じてそれらの知識を関連づけ多様な現場に対応する能力が基礎的な水準に達しているかどうかを検定することを目的とする。

２．実施者

公益財団法人 日本国際教育支援協会が実施する。

３．後　援（予定）

文化庁／公益社団法人日本語教育学会
大学共同利用機関法人人間文化研究機構国立国語研究所／独立行政法人国際交流基金
一般財団法人日本語教育振興協会／公益社団法人国際日本語普及協会

４．試験の方法，内容等

(1)　受験資格

特に制限しない。

(2)　試験の水準と内容

試験の水準：日本語教育に携わるにあたり必要とされる基礎的な知識・能力。

試験の内容：出題範囲は，別記のとおりとする。

(3)　試験の構成

科目	解答時間	配点	測定内容
試験Ⅰ	90分	100点	原則として，出題範囲の区分ごとの設問により，日本語教育の実践につながる基礎的な知識を測定する。
試験Ⅱ	30分	40点	試験Ⅰで求められる「基礎的な知識」および試験Ⅲで求められる「基礎的な問題解決能力」について，音声を媒体とした出題形式で測定する。
試験Ⅲ	120分	100点	原則として出題範囲の区分横断的な設問により，熟練した日本語教員の有する現場対応能力につながる基礎的な問題解決能力を測定する。

(4)　試験日：令和２年10月25日（日）

(5)　試験地（予定）：札幌，仙台，東京，愛知，大阪，広島，福岡

５．出願の手続き等

(1)　受験案内（出願書類付き）

出願手続き等の細目については，「令和２年度日本語教育能力検定試験　受験案内」による。

受験案内は願書受付期間中，全国の主要書店にて販売の予定。

(2)　出願手続き

①　願　　書：所定のもの

②　受 験 料：10,800円（税込）（予定）

③　受付期間：令和２年６月22日（月）から８月３日（月）まで（当日消印有効）（予定）

④　出　　願：公益財団法人 日本国際教育支援協会に提出

６．受験票の送付

願書を受理したものについて，令和２年９月25日（金）に発送。（予定）

７．結果の通知等

合否の結果は，令和２年12月25日（金）（予定）に受験者全員に文書をもって通知するとともに，合格者には合格証書を交付する。

正　解

令和元年度日本語教育能力検定試験　正解

＜試験Ⅰ＞

問題1

(1)	(2)	(3)	(4)	(5)	(6)	(7)	(8)	(9)	(10)	(11)	(12)	(13)
5	3	1	2	3	4	1	2	5	4	5	2	3

(14)	(15)
1	4

問題2

(1)	(2)	(3)	(4)	(5)
3	4	3	1	4

問題3－A（1～5）

(1)	(2)	(3)	(4)	(5)
4	1	2	4	3

問題3－B（6～10）

(6)	(7)	(8)	(9)	(10)
2	1	3	4	3

問題3－C（11～15）

(11)	(12)	(13)	(14)	(15)
3	4	1	4	2

問題3－D（16～20）

(16)	(17)	(18)	(19)	(20)
4	2	1	2	4

問題4

問1	問2	問3	問4	問5
2	1	2	4	1

問題5

問1	問2	問3	問4	問5
1	3	2	4	2

問題6

問1	問2	問3	問4	問5
2	2	3	4	1

問題7

問1	問2	問3	問4	問5
1	1	3	2	4

問題 8

問 1	問 2	問 3	問 4	問 5
3	1	2	1	4

問題 9

問 1	問 2	問 3	問 4	問 5
3	1	2	1	4

問題 10

問 1	問 2	問 3	問 4	問 5
2	3	1	3	4

問題 11

問 1	問 2	問 3	問 4	問 5
2	4	3	1	3

問題 12

問 1	問 2	問 3	問 4	問 5
1	3	3	4	2

問題 13

問 1	問 2	問 3	問 4	問 5
2	3	2	1	3

問題 14

問 1	問 2	問 3	問 4	問 5
3	2	4	1	3

問題 15

問 1	問 2	問 3	問 4	問 5
3	1	4	2	4

＜試験Ⅱ＞

問題 1

例	1 番	2 番	3 番	4 番	5 番	6 番
b	a	d	c	d	b	a

問題 2

例	1 番	2 番	3 番	4 番	5 番	6 番
a	c	d	b	c	d	a

問題 3

例	1番	2番	3番	4番	5番	6番	7番	8番
a	b	a	a	c	b	a	d	d

問題 4

1番		2番		3番	
問1	問2	問1	問2	問1	問2
c	b	c	a	b	d

問題 5

1番		2番		3番	
問1	問2	問1	問2	問1	問2
c	b	d	b	a	c

問題 6

例	1番	2番	3番	4番	5番	6番	7番	8番
b	b	d	b	a	a	c	d	c

＜試験Ⅲ＞

問題 1

問1	問2	問3	問4	問5
1	3	4	2	4

問題 2

問1	問2	問3	問4	問5
2	3	1	1	3

問題 3

問1	問2	問3	問4	問5
4	4	2	1	3

問題 4

問1	問2	問3	問4	問5
4	2	1	3	1

問題 5

問1	問2	問3	問4	問5
4	2	3	1	2

問題 6

問 1	問 2	問 3	問 4	問 5
3	1	3	4	4

問題 7

問 1	問 2	問 3	問 4	問 5
2	1	2	3	1

問題 8

問 1	問 2	問 3	問 4	問 5
3	1	2	1	1

問題 9

問 1	問 2	問 3	問 4	問 5
2	4	1	3	4

問題 10

問 1	問 2	問 3	問 4	問 5
4	2	4	3	3

問題 11

問 1	問 2	問 3	問 4	問 5
2	4	1	4	3

問題 12

問 1	問 2	問 3	問 4	問 5
4	2	3	3	1

問題 13

問 1	問 2	問 3	問 4	問 5
2	4	3	2	4

問題 14

問 1	問 2	問 3	問 4	問 5
1	1	3	4	2

問題 15

問 1	問 2	問 3	問 4	問 5
2	2	1	3	2

問題 16

問 1	問 2	問 3	問 4	問 5
3	1	4	2	4

問題 17　記述式問題解答例

　談話の全体像をつかむためには、重要な情報を取捨選択するとともに、その情報同士の関係を把握するスキルが求められる。このようなスキルを身につけるための活動として、中上級者向けにノートテイキングを取り入れた活動を提案する。

　使用する聴解素材は、ニュースや講義など真正性の高い情報を伝えるためのものとする。学習者には、音声を聞きながら重要だと思われる点をノートにとるとともに、そのノートを見ながら談話の内容を他者に伝える練習を繰り返し行うように伝える。

　ノートをとるためには重要な情報のみを選択することが求められ、また他者に伝えるためには聞き取った情報を単に脈絡なく並べるだけでなく、得られた情報同士の関係を把握し、談話の展開を主体的に再構築していくことが必要となる。このように、重要な情報の選択とそれらの関連付けの練習を繰り返し行うことで、談話の全体像がつかめるようになっていくと考える。

【試験Ⅱ　ＣＤトラック番号早見表】

内容		トラック番号
問題開始前部分		1
問題 1	説明	2
	例	3
	1番	4
	2番	5
	3番	6
	4番	7
	5番	8
	6番	9
問題 2	説明	10
	例	11
	1番	12
	2番	13
	3番	14
	4番	15
	5番	16
	6番	17

内容		トラック番号
問題 3	説明	18
	例	19
	1番	20
	2番	21
	3番	22
	4番	23
	5番	24
	6番	25
	7番	26
	8番	27
問題 4	説明	28
	1番	29
	2番	30
	3番	31
問題 5	説明	32
	1番	33
	2番	34
	3番	35
問題 6	説明	36
	例	37
	1番	38
	2番	39
	3番	40
	4番	41
	5番	42
	6番	43
	7番	44
	8番	45
終了部分		46

令和元年度　日本語教育能力検定試験
試験問題 試験Ⅱ（聴解）CD 付

発行日 ……… 2020 年 3 月 20 日　初版第 1 刷
2023 年 4 月 30 日　初版第 3 刷
編著者 ……… 公益財団法人 日本国際教育支援協会
〒 153 - 8503 東京都目黒区駒場 4 - 5 - 29
電話 03 - 5454 - 5215
発行所 ……… 株式会社 凡 人 社
〒 102 - 0093 東京都千代田区平河町 1 - 3 - 13
電話 03 - 3263 - 3959

ISBN978-4-89358-971-2